다시, 세상 끝의 카페

# 다시, 세상 끝의 카페

*Return to The Cafe on the Edge of the World*

존 스트레레키 지음

고상숙 옮김

클레이하우스

## 프롤로그

　우리에게는 가장 예상하지 못한 순간, 하지만 어쩌면 나에게 가장 필요한 순간에 낯선 장소에서 낯선 사람과 만나 배우고 깨우침을 얻는 일이 일어나기도 합니다. 바로 그런 일이 몇 년 전 어느 날 밤 저에게 일어났습니다. '세상 끝의 카페'라는 멋들어진 공간에서 말입니다.

　그곳에서 보낸 하룻밤이 제 인생을 상상조차 하지 못했던 길로 이끌어주었습니다. 덕분에 진정한 자유가 무엇인지 알게 되었고, 내가 실은 자유롭게 살기 위해 태어났다는 것도 깨달았습니다.

그날 그 카페에 어떻게 가게 된 것인지, 왜 가게 된 것인지는 여전히 알 수 없지만, 그곳에 갈 수 있었다는 사실 자체에 감사할 따름입니다.

그러다 어느 날, 아주 뜻밖의 상황에서 저는 또다시 그 카페에 가게 되었습니다. 아니 카페가 내 눈앞에 나타났다는 것이 더 맞는 표현일 듯싶습니다. 그리고 한 번 더 그곳에서 보낸 시간이 제 삶을 바꿔놓았습니다.

이 책은 '세상 끝의 카페'로 다시 돌아가는 이야기입니다.

차례

# 자전거 모험

완벽한 날이었다. 하늘은 더할 수 없이 맑은 푸른빛이었고, 공기는 따뜻했다. 숨이 막히지는 않을 정도로 적당히 따뜻한 공기…… 마치 천국에 온 것만 같았다. 내게 하와이는 그런 느낌으로 다가왔다. 그날 하루 계획은 그냥 자전거를 타러 가는 것이었다. 그게 전부였다. 미리 짜둔 일정이라든가 계획된 경로도 없고, 목적도 없었다. 그저 자전거 타기, 내 눈앞에 펼쳐진 길을 따라 페달을 밟으면서 직감대로 가는 것. 그저 자전거를 타고 파라다이스를 탐험하는 것. 이게 그날의 계획이었다. 그렇게 페달 가는 대로 두어 시간 가다 보니, 어느새 낯선 곳, 어딘지 모를 곳에 닿아 있었다. 이게 바로 내가 원하던 것이지…… 내가 가장 좋아하는 노래가 머릿속에서 울려왔다. 자나 스탠필드라는 가수의 노래 가사 중에 "나는 길을 잃은 것이 아니라네, 그저 모험을 즐기는 것일 뿐"이라는 대목이었는데, 자전거를 타고 가던 그날 나의 모험을 완벽하게 대변하는 듯했다.

완벽히 낯선 곳에 들어서자 어느새 내 마음은 수년 전 그날 밤으로 돌아가 있었다. 카페를 발견한 그날, 나는 탐험을 하고 있다고 생각하지는 않았다. 그저 길을 잃은 느낌이 들었을 뿐인데 그날 이후 나의 인생은 완전히 바뀌었다.

'세상 끝의 카페'라고 불리는 작은 장소에서 밤을 보낸 이후, 이전의 내 삶이 기억나지 않을 정도로 아주 많은 것이 달라졌다. 나 스스로가 다른 존재처럼 느껴졌고, 또 다른 내가 된 것 같았다. 커브를 도니 바다가 눈에 들어왔다. 내 눈을 믿을 수 없을 정도로 푸르른 바다. 문득, 바다거북이 떠올랐다. 그날 밤 그 카페와의 또 다른 연결 고리.

이상했다. 그 카페는 내게서 멀어진 적이 없었다. 그 오래된 기억이 그렇게 강렬하게 내 마음에 남아 있다니⋯⋯. 커브 길이 두 번 더 나타났다. 두 번의 멋진 경치가 나를 기다리고 있었다.

하와이는 놀라울 만큼 색의 조합이 아름다운 섬이다. 섬 자체가 화산으로 형성되었기 때문에, 사방 곳곳에 칠흑같이 검은 용암 바위가 널려 있다. 그리고 마치 자연이 용암과의 완벽한 색의 대비를 보여주기 위해 마음먹고 준비라도 한 듯, 용암 바위가 끊어진 곳의 새로운 토양에서는 활기찬 녹색 식물들이 자라나 있었다. 청록색 바다와 노란색, 오렌지색, 붉은색 그 외 수많은 색의 다채로운 꽃들. 어디에 가서 이렇게 행복한 색깔의 향연을, 이런 호사를 누릴까?

"세상에……. 어떻게 이런 장관이 있을 수 있을까."

지난 10개월 동안 내 인생은 놀라운 일로 가득했다. 남아공 해안에서 고래를 보았고, 나미비아에서 사파리 여행을 하며 막 알을 깨고 나온 아기 거북들이 중앙아메리카의 파도 속으로 무사히 갈 수 있도록 내 힘을 보태주기도 했다. 그리고 이어진 말레이시아와 인도네시아에서 보낸 3개월 동안의 자전거 여행은 가히 그 정점이라 할 만했다. 그리고 지금은 집으로 돌아가는 길에 잠시 하와이에 들러 몇 주 머물고 있는 참이다. 천국이 가까이에 있을 때, 그 시간을 최대한 맘껏 누리리라.

세계를 탐험하는 게 이번이 처음은 아니다. 카페에서 특별한 밤을 보낸 후, 나는 삶에 새롭게 접근하기 시작했다. 1년 일하고 1년 여행하기. 사람들이 보기엔 어딘가 이상할지 모른다. 사람들은 미래에 대한 보장과 자신의 안전을 걱정하니까. 하지만 나에겐 그런 삶의 방식이 딱이었다. 내가 하고 있는 일만 잘하면 내가 일하고자 할 때 내 노동에 대한 수요가 있다는 것도 알았다. 또 여의치 않으면 새로운 직업을 찾으면 될 일이었다.

사람들은 종종 내가 사는 방식이 자신들과 다르다며 나처럼 살아보고 싶다고 말하곤 했다. 하지만 누구도 그 말을 실천에 옮기진 않았다. 몇 주 동안만이라도 나와 시간을 보내면 정말 재미있겠다고 말하던 사람들도 정작 행동으로 옮기는 일은 없었다.

미지의 세계로 너무 깊이 들어가고 있는 것 같다. 페달을 밟으면 밟을수록, 더욱더 놀라운 광경이 펼쳐졌다. 하와이의 공기는 꽃향기로 달콤했다. 내가 하와이를 좋아하는 이유에서 꽃향기를 빼놓을 순 없다. 마치 과일즙을 코로 들이마시는 것 같은 느낌이다. 자연의 가장 순수한 정수를 들이마시고 있는 느낌.

3킬로 정도 더 달려가니 한 번도 본 적이 없는 곳에 다다랐다. 지형이 평평했다. 오른쪽에서는 파도 소리가 들리고 갈림길이 나타났다. 오른쪽 길로 갈까? 왼쪽 길로 갈까?

'사람들이 가지 않은 길, 또는 덜 가는 길을 선택하자'고 생각했다. '발길이 덜 닿은 곳.' 그건 오른쪽 길이었다. 오른쪽 길로 들어서자 얼마 안 돼 포장도로는 자갈길로 바뀌었고, 내 온몸 근육이 새로운 도전으로 인해 긴장하는 것을 느낄 수 있었다. 그 감각이 마음에 들었다. 그것이 내 마음이든, 다리든, 또 다른 근육이든. 그렇게 근육이 긴장하는 순간 내가 모험을 하고 있다는 걸 온몸으로 느낄 수 있어 좋았다. 무언가 새롭고, 무언가 신나고, 무언가 나를 앞으로 미는 느낌. 자전거를 타는 동안 나무 사이로 바다가 언뜻언뜻 보였다. '나중에 여기에 수영하러 와야겠다.'

자갈길에서 20분가량 페달을 밟다 보니, 갑자기 이상한 데자뷔가 느껴졌다. 정말 이상했다. 난 한 번도 이쪽에 와본 적이 없었다. 그런데 이상하게 익숙한 이 느낌은…….

그걸 봤을 때, 내가 느낀 감정을 어떻게 표현할 수 있을까? 길을 따라 좀 더 올라가니, 바로 오른쪽에 그게 있었다. 앞쪽에 자갈 주차장이 있고, 위에 푸른 네온사인이 켜진 작고 하얀 건물. 나는 하마터면 자전거에서 떨어질 뻔했다. '말도 안 돼.' 하지만 '세상 끝의 카페'에서는 말이 안 되는 게 없었다. 자전거를 타고 더 가까이 다가가자 내 얼굴을 뒤덮은 놀라움이 미소로 바뀌었다. 갑자기 추억이 물밀듯이 밀려왔다. 그곳에서 얻은 수많은 깨달음과 함께. 그런데 이 카페는 지금 여기서 뭘 하고 있는 거지? 분명한 건 이곳은 내가 전에 카페를 발견한 곳이 아니라는 사실뿐이었다.

뒤를 돌아보니 아무도 없어 나는 페달을 세게 밟으며 속도를 높였다. 빨리 카페에 들어가고 싶었다. 혹시라도 눈앞에서 카페가 사라지면 어쩌나 조바심이 났다. 하지만 내 걱정은 기우였다. 자전거를 타고 가까이 가는 데 5분 정도 걸렸지만 카페는 그 자리에 그대로 있었으니까. 나는 눈앞에 펼쳐진 광경을 받아들일 수 없었다. "말도 안 돼"라는 말이 저절로 새어 나왔다.

입구 근처에 자전거 보관대가 있어 거치대에 자전거를 세웠다. 궁금한 마음에 설렘이 더해져 심장이 쿵쾅거렸다. 이 카페는 여기서 대체 뭘 하고 있는 걸까?

# 다시 찾은 카페

나는 순식간에 계단을 뛰어 올라가, 카페 문 앞에서 잠시 주춤하다 문을 열었다. 문에 달려 있는 종들이 내가 도착했음을 알려주었다.

한 발짝 들어가서 카페 안을 둘러보았다. 시간 여행이라도 하고 있는 기분이었다. 카페는 내가 10년 전에 왔을 때와 완벽히 똑같았다. 빨간 부스, 은색 의자, 아침 식사 카운터……. 세월이 비켜 간 것인지 여전히 모든 게 새것처럼 보였다.

"다시 오셨군요. 환영합니다, 존."

왼쪽으로 몸을 돌렸다. 방금 전까지만 해도 아무도 없었는데 그곳에는 그때 내 주문을 받아주었던 웨이트리스 케이시가 서 있었다. 그날 밤 케이시와 카페 주인, 그리고 손님들과 밤새도록 나누었던 대화가 내 인생을 바꿔놓았는데……. 바로 그 케이시가 그 자리에 웃는 모습으로 서 있었다.

"안녕하세요? 케이시."

나도 미소를 지으며 답했다. 케이시는 내게 다가와 따뜻하게 포옹을 해주었다.

"오랜만이에요."

"좋아 보여요. 그때와 하나도 달라지지 않았네요. 똑같아요."

나는 내가 이곳에 다시 왔다는 사실과 케이시랑 인사를 하고 있다는 사실에 반신반의하며 말했다. 정말이었다. 카페뿐 아니라 그녀도 세월을 비켜 간 듯했다.

"존도 좋아 보여요."

그녀는 웃으며 말했다. 나는 카페를 둘러보았다.

"내가 여기 왔다는 게 믿기지 않아요. 오늘 아침 문득 카페 생각이 났는데, 이런 곳에 있을 줄이야……."

"우리는 가끔 옮겨 다니기도 하거든요."

그녀는 내가 10년 전 가본 카페가 수천 킬로는 족히 떨어진 이곳에 와 있는 걸 별일 아닌 것처럼 말했다. 하나도 변하지 않은 카페와 본인의 모습까지도…….

"아니면 우리가 프랜차이즈를 한 건지도?"

그녀가 웃으며 말했다. 나는 박장대소를 했다. 그녀는 내가 지난번에 카페에서 했던 말을 두고 장난을 치고 있었다. 어떻게 그걸 기억하지?

그녀는 손님 좌석을 고개로 가리켰다.

"앉으실까요?"

나는 손으로 의자를 쓰다듬으며 미끄러지듯 앉았다. 완전히 새것 같은 느낌이었다.

"주문하시겠어요?"

케이시는 메뉴판을 식탁에 놓으며 물었다. 아직도 메뉴판을 보았던 기억이 생생했다. 나타났다가 사라졌던 마법 같은 문구들. 난 메뉴판을 집어 들었다. 내가 마지막으로 카페에 왔을 때는 메뉴판의 뒷면에 이 세 가지 질문이 쓰여 있었다.

당신은 왜 여기 있습니까?

죽음이 두렵습니까?

충만한 삶을 살고 있습니까?

나는 메뉴판을 뒤집었다. 세 가지 질문이 그대로 거기 있었다. 오, 이 질문들 덕에 내 삶이 얼마나 변했는지.

"많은 게 달라졌죠. 그렇지 않나요?"

케이시가 물었다. 나는 메뉴판에서 눈을 거두고 그녀를 올려다보며 미소를 지었다.

"네. 아주 많이 달라졌죠. 좋은 의미에서."

"어떻게요?"

나는 고개를 저었다.

"와, 어디서부터 이야기를 시작해야 할까요?"

케이시는 내가 앉은 의자 맞은편으로 미끄러지듯 들어와 앉았다. 그리고 손을 뻗어 내 손 위에 자기 손을 얹었다.

"10년 전 아침, 이 카페에서 나가던 순간부터 시작하면 어떨까요?"

☕

나는 손을 뒤집어 내 손등을 덮고 있던 케이시의 손을 살짝 잡았다. 따뜻했다. 유령이 아니었다. 내가 정말 카페에 돌아온 것이다. 나는 믿을 수가 없어서 고개를 저으며 미소를 지었다. 그리고 "자, 시작해 볼까요"라며 말을 이어갔다.

"그날 나는 이곳 카페에서 이 메뉴판을 보았고, 마이크의 딸기 파이를 맛보았으며, 삶에 대해 새로운 관점으로 무장을 하고 카페 문을 나섰어요. 그리고 완전히 새로운 세계로 걸어 들어갔습니다. 그날 밤 나는 다른 사람이 되었죠. 지금까지도 그때 깨우친 것들이 내 삶의 많은 면에서 여전히 파문을 일으키고 있어요. 녹색 바다거북 이야기, 어부 이야기, 앤과 나눈 내 인생을 스스로 선택하는 사람이 되는 것에 대한 이야기⋯⋯. 그 모든 것이 지금 내가 삶을 살아가는 방식의 큰 부분을 이루고 있습니다."

케이시는 미소를 지으며 자리에 기대어 앉아 카페 입구를 바라보고는 고개를 끄덕였다.

"그때 저 문으로 걸어 들어올 때만 해도 그쪽은 별로 행복해 보이지 않았어요."

"지금이 훨씬 행복합니다. 사실 지금이 너무 좋아서 그 전에 어떻게 살았는지 기억조차 잘 나지 않아요. 그게 좋아요. 그러니까 그 당시 내 인생이 얼마나 힘들었는지는 기억도 하기 싫다는 뜻이죠."

나도 미소를 지었다.

"그래서 그날 카페를 나간 이후 어떤 일들이 있었나요?"

"많은 것이 바뀌었습니다."

나는 어깨를 약간 으쓱했다.

"내가 변했어요. 내 신념, 내 행동, 삶에 대한 접근 방식……. 그리고 사소한 변화도 있었습니다. 이곳을 떠나고 얼마 되지 않아서 하던 일을 그만두고 세상을 보러 가기로 했습니다."

"정말요?"

나는 고개를 끄덕였다.

"오랫동안 그런 삶을 꿈꿨지만 너무 멀게만 느껴졌었어요. 하지만 카페에서 돌아온 후, 내 마음의 문이 활짝 열렸습니다. 이전에는 인생을 멋지게 사는 사람을 만나면, 왜인지 그 앞에 장벽을 세우곤 했었거든요. 그러면서 나는 왜 그 사람처럼 살 수 없는지, 혹은 살지 않는지 생각하며 오만가지 이유를 갖다 대곤 했습니다. 하지만 이곳에 왔다 간 뒤로 그 사람들이 다르게 보이기 시작했어요. 그 사람들은 나에게 더 이상 위협이 아니라 길 안내자가 되었습니다. 예전에 나는, 나 스스로에게 자신이 없었던 것 같아요. 바보처럼 보이거나 뭘 모른다는 걸 들킬까 봐 질문도 하지 않았죠. 창피를 당할까 두려웠어요. 더 최악은 배우려는 노력조차 하지 않았다는 겁니다. 어쨌든, 이곳에서 돌아온 이후 길을 떠나 세계를 여행하며 흥미로운 사람들과 만났습니다. 돈을 좀 모아서 여행길에 오른 거지요."

"그래서요?"

케이시는 고개를 끄덕이며 물었다.

"수백 번 다시 태어나도 겪지 못할 만큼 놀라운 일이 벌어졌어요. 내 말은 내 인생이 완전히 뒤집혔다는 겁니다. 지구에는 정말 엄청나게 멋진 곳이 무수히 많아요. 그런 곳에서 놀라운 경험을 하면서 삶의 교훈도 배웠습니다."

## 카페 첫 손님

케이시와 나는 한 시간가량 이야기를 하며 회포를 풀었다. 나는 내가 여행한 곳들과 그곳에서 한 모험에 관해 이야기해 주었다. 아프리카 사파리, 중국 만리장성, 보르네오 정글 탐험, 고대로마 유적지와 유물……. 말을 하다 보니 케이시는 이미 내가 다녀온 곳을 대부분 다 섭렵한 것 같았다. 케이시도 여행을 좋아하고 많이 다녀본 사람이라는 게 직감적으로 느껴졌다. 그래도 케이시는 계속 질문을 던졌다.

"그쪽은요?"

드디어 내가 물었다.

"나만 말을 하고 있네요. 케이시, 당신은 그동안 어떻게 지냈습니까?"

"글쎄요, 일단 오늘은 보시는 것처럼 지난번과 다른 곳에 와 있어요."

"저도 그게 궁금했어요."

"이유가 있죠. 오늘 특별한 일이 있거든요."

케이시는 고개를 끄덕이며 말했다.

"무슨 일이요?"

그때 마침 하얀 차 한 대가 주차장으로 미끄러져 들어왔다.

"존, 요리 좀 하세요?"

케이시는 곁눈질로 힐끗 바깥쪽을 바라보며 물었다.

"잘은 못 해요. 그냥 간단한 아침 정도 만드는 수준. 왜요?"

"오늘 마이크가 조금 늦거든요. 그래서 부엌일을 도와줄 일손이 좀 필요해요."

그녀는 주차장 쪽을 향해 고개를 끄덕였다.

"오늘 첫 손님이 오신 것 같아요."

못한다고 거절할 이유는 수없이 많았다. 나는 식당에서 요리를 해본 적이 없을뿐더러 할 줄 아는 요리라고는 몇 가지 되지도 않았고, 더구나 카페 종업원도 아니었으며……. 하지만 나는 아무런 이유도 대지 않고 그냥 그렇게 카페에서 요리하는 것을 자연스럽게 받아들이고 있었다. 그래도 아무 문제가 없을 것 같았다.

"음, 블루베리팬케이크나 파인애플이 들어간 프렌치토스트

주문이 들어오면 좋을 텐데. 그 정도 외엔 내가 할 수 있는 게 별로 없어서 뭐라 장담은 못 하겠네요."

나는 미소를 지으며 말했다.

"그 둘 중 하나를 주문하길 바라보죠."

그녀는 웃으며 대답하고는 다시 한번 주차장 쪽을 힐끗 쳐다보았다.

"주방에 가서 한번 둘러보고 계실래요? 나도 곧 들어갈게요."

케이시는 차에서 내리는 여자를 눈여겨보았다. 하와이 기준으로 볼 때 과하게 차려입은 모습이었다. 정장에 굽 높은 하이힐, 머리는 위로 올려 핀을 꽂았고, 무엇보다 엄청나게 스트레스를 받고 있는 듯한 모습이었다. 차 문을 닫으면서 차 키를 핸드백에 넣고, 전화 통화까지 모든 것을 동시에 하고 있었다.

차 문은 성공적으로 닫았는데 그만 자갈길에 차 키를 떨어뜨리고 말았다. 떨어진 차 키를 주우려고 허리를 굽히며 "제기랄"이라고 내뱉는 소리가 들려왔다. 허리를 굽히자 이번에는 휴대폰이 떨어졌다. 이 모습을 지켜보며 케이시는 미소를 지었다.

여자는 차 키와 휴대폰을 무사히 주워 들고는, 카페 입구를 향해 걸어왔다. 그리고 휴대폰을 다시 귀로 가져갔다. 카페로 이어지는 계단을 올라오던 중에, 차 문을 잠그지 않았다는 걸 깨닫고 는 차 키를 더듬어 찾다가 다시 떨어뜨리고 말았다.

여자의 얼굴에 짜증이 비쳤다. 그러더니 마침내 차 키를 다시 집어 들고는 삐― 소리와 함께 차 문을 잠그는 데 성공했다.

카페 문을 열면서 들어오던 여자는 전화기 저편 상대방 소리 가 잘 안 들리는지 휴대폰을 귀에 바짝 붙이며 "잘 안 들려"라고 큰 소리로 말했다.

"연결이 나빠. 너무 나빠. 잘 안 들려…… 잘……."

여자는 휴대폰을 한번 쳐다보고는 한숨을 쉬며 신경질적으로 꺼버렸다.

"어서 오세요."

입구 가까이에 서서 모든 것을 지켜보고 있던 케이시가 차분 한 목소리로 손님을 맞았다.

"안녕하세요. 초면에 이런…… 제 말은…… 그러니까……."

여자는 올려다보며 놀라는 표정을 짓더니 고개를 저으며 덧 붙였다.

"전화하는 도중에 갑자기 소리가 안 들리고 끊어져서요."

"네, 여기선 종종 있는 일이에요. 들어오시겠어요?"

케이시는 고개를 끄덕이고는 웃으며 말했다.

여자는 안을 슬쩍 둘러보았다. 옷차림과 태도에서 속으로 다 른 곳을 찾아볼까 하는 생각을 하고 있다는 것을 알 수 있었다.

눈빛과 표정으로는 이곳이 격이 떨어진다고 말하고 있었다.

하지만 케이시는 여자의 날카로운 눈빛 사이에서 무언가를 읽어냈다. 번지르르한 겉모습 안에서 '여기 잠깐 머물고 싶어요'라는 속마음이 언뜻 비친 것이다.

"20분 정도만 더 가면 다른 카페도 많아요."

케이시는 자연스럽게 다른 곳을 찾아가도 좋다는 식으로 말하며 여지를 주었다.

"거기서는 휴대폰도 잘 터질 거예요."

여자는 망설였다. 몸 안에서 분출하는 에너지가 여자를 문밖으로 밀어내고 있었지만, 뭔가 다른 생각을 하고 있는 것 같기도 했다.

"아니면 잠깐만 쉬었다 가셔도 좋고요. 간단한 음료라도 한 잔 드시면서 천천히 결정하세요."

케이시는 말하면서 창가 쪽 좌석으로 살짝 고개를 끄덕였다.

"저 자리가 좋겠군요."

여자는 케이시를 바라보았다. 케이시도 여자를 쳐다보았다. 여자는 몇 초간 망설였다.

"그러죠."

그리고 마음을 정리하려는 듯 머리를 살짝 흔들며 덧붙였다.

"감사합니다."

그녀는 손님 좌석에 앉았다.

"메뉴 좀 보시죠."

케이시는 테이블에 메뉴판을 내려놓으며 말했다.

"먼저 마실 거라도?"

"커피로 할게요. 블랙으로요."

"바로 가져오겠습니다."

주방 쪽으로 몸을 돌리는 케이시의 입가에 미소가 번졌다.

## 이상한 메뉴판

내가 주방을 이리저리 살펴보고 있을 때, 케이시가 들어왔다.

"어떻게, 잘돼가요?"

그녀가 물었다.

"음, 그릴도 찾았고, 냉장고도 어디 있는지 알았고, 포크와 나이프도 찾았어요."

"그리고 앞치마도."

케이시가 덧붙였다.

"그리고 앞치마도."

나는 말하면서 내가 입고 있는 앞치마를 흘긋 내려다보았다.

"내가 입는 걸 마이크가 개의치 않기를……. 문 뒤에 걸려 있길래 쳐다보았더니 이게 날 부르고 있는 것 같았어요."

"당연히 조금도 개의치 않을 거예요. 이 손님한테는 어떤 사연이 있을까요?"

케이시는 말하면서 아주 은밀한 미소를 지어 보였다.

"아직은 잘 모르죠. 채널 꼭 고정하고 지켜보세요. 블랙커피 한 잔 달라는데, 커피포트 좀 건네줄래요?"

"없던데. 안 그래도 방금 커피포트를 찾고 있었거든요."

케이시는 내 뒤를 가리켰고 뒤를 돌아보니 거기에는 20초 전만 해도 없었던 새 커피포트가 놓여 있었다. 방금 내린 신선한 커피를 안에 담고.

"내 도움이 필요한 거 확실해요?"

나는 커피포트를 집어 건네며 물었다. 그리고 이 카페는 겉으로 보이는 게 전부가 아니었다는 사실이 새삼스레 떠올라 미소를 지었다.

"물론이죠."

케이시는 미소로 답하고는 선반에서 빈 커피잔과 함께 커피포트를 들고 주방에서 나가며 말했다.

"금방 다시 올게요."

케이시는 손님이 앉아 있는 테이블 근처로 다가갔다. 여자는 휴대폰 신호가 잡히지 않는데도 여전히 휴대폰으로 무언가를 하고 있었다. 습관인 듯했다.

"여기 있습니다. 막 내린 신선한 커피. 블랙으로요. 저희 집만의 특별한 하와이 블렌드죠."

케이시는 이렇게 말하며 커피잔을 내려놓고 커피를 부어주며 물었다.

"신호가 잘 안 잡히죠?"

"네."

여자는 살짝 짜증 난 목소리로 대답했다. 케이시는 커피포트를 내려놓고 악수를 청했다.

"전 케이시라고 해요. 여기 처음 오시죠?"

여자는 주저하듯 손을 내밀어 케이시의 손을 잡고 악수했다.

"네. 처음이에요. 길을 잃었어요. 이렇게 멀리까지 와본 적은 없거든요. 저는 제시카라고 해요."

"이곳에 오신 걸 환영합니다. 반가워요."

케이시는 손을 뻗어 좀 전에 나와 함께 앉아 있던 테이블에서 메뉴판을 집어 들었다.

"여기에 좀 더 계실 생각이면 이게 필요하실 듯해서."

그녀는 제시카 옆에 메뉴판을 두며 말했다. 제시카는 앞에 놓인 메뉴판을 힐끗 보았다. 앞면에는 "세상 끝의 카페에 오신 것을 환영합니다"라는 글씨가 적혀 있고 그 아래 작은 주석이 달려 있었다. '주문하시기 전에, 먼저 저희 직원에게 여기에서 보내는 시간이 무슨 의미가 있을지 상담해 보시기 바랍니다.' 제시카는 그 글자를 가리키며 케이시를 올려다보고는 물었다.

"이게 무슨 뜻이죠?"

"저희는 손님들이 이곳에 다녀가고 나서 달라진다는 걸 알게 되었어요. 그래서 이제는 '당신은 왜 여기 있습니까?'라는 질문을 좀 더 쉽게 경험할 수 있도록, 그리고 앞으로 일어날 일을 예측할 수 있도록 도와드리려고 해요."

제시카는 어리둥절한 표정으로 케이시를 바라봤다.

"여전히 무슨 말인지 모르겠어요."

"왜, 카페에 가서 커피를 주문하면 커피가 나오잖아요. 종종 커피를 시켰는데 생각한 것보다 많은 게 나와서, 그걸 덤으로 받아 가는 경우도 있고요. 여기도 기대한 것보다 훨씬 더 많은 것을 얻어 갈 수 있는 곳이랍니다."

제시카는 여전히 혼란스러운 듯 보였다.

"메뉴판 좀 보시고 맘에 드는 메뉴가 있으면 알려주세요."

케이시는 메뉴판을 제시카 쪽으로 밀어주며 말했다.

"좀 있다 다시 올게요."

케이시가 자리를 뜨자, 제시카는 메뉴판을 열어보았다.

'참 이상한 곳이야.' 그녀는 속으로 생각했다. 그러곤 휴대폰을 들여다보았지만 여전히 신호는 잡히지 않았다. '이 집 음식에 대

한 리뷰도 못 찾아보겠네.'

"네, 그런 점에서 저희 카페가 좀 생소한 곳이긴 하죠."

마침 다른 테이블에서 뭔가를 집어 주방으로 가는 길이었던 케이시가 지나가며 말했다.

"하지만 직관력을 발휘할 기회를 갖게 되죠. 사실 직관이 더 강력하잖아요."

그녀는 이렇게 말하고 미소를 지었다. 제시카는 케이시가 무슨 말을 하는지 모르겠다는 표정으로 머뭇거렸다. 그리고 케이시가 주방으로 들어가는 것을 지켜보며 혼잣말을 했다.

"내 생각을 어떻게 읽은 거지?"

# 직감을 믿어라

"어떻게 돼가고 있죠?"

냉장고 안 재료들을 살펴보고 있던 내가 고개를 들었다.

"재료 준비는 잘되고 있습니다. 요리사가 요리할 준비가 되었는지는 잘 모르겠지만……."

"그게 아니라면 여기 오시지도 않았을 거예요."

"손님은 어때요?"

"처음 온 손님은 대부분 비슷해요. 아직 커피만 마시고 갈까 고민하고 있는 것 같아요."

난 고개를 끄덕였다. 머릿속으로 이곳을 나가야 한다고 스스로를 설득하던 그때의 내가 떠올랐다. 하지만 내 안의 어디선가 "가지 마! 여기 있어!"라고 외치는 목소리가 나를 붙잡았었다.

"바로 그거예요."

케이시가 말했다.

"본인 스스로의 직관에 의문을 제기하고 있는 거죠. 그쪽이 그 랬던 것처럼."

나는 배낭을 넣어둔 선반으로 걸어가서 배낭 주머니에서 공 책을 꺼내며 말했다.

"그런 말을 하다니 우습네요. 조금 전 처음 주방을 둘러보고 냉장고를 뒤지면서 밖에 나가 손님석에 앉아 있는 편이 더 낫겠 다고 생각했어요."

나는 좌석이 부스 형태로 나뉜 바깥쪽을 향해 고갯짓을 했다.

"그런데요?"

"그런데 여행을 하면서 배운 가장 큰 교훈 중에는 내 직감을 믿으라는 것도 있거든요. 한 번도 가본 적 없는 곳에 처음 갔을 때, 낯선 언어로 사람들과 교감을 나누고 한 번도 해보지 않은 것 을 할 때, 무언가 결정을 내려야 하는데 경험이 많지 않을 때. 그 럴 때마다 매번 내 직감을 믿으면 결과가 좋았어요. 잠시 동안만 조용히 집중해서 내 마음의 목소리에 귀를 기울여 보면, 알 수 있 어요."

케이시는 고개를 끄덕였다.

"맞아요. 우리에게 그런 안내 장치가 내장되어 있다는 게 너무 좋지요. 다만 대부분의 사람이 그걸 끄고 사는 게 안타까울 뿐."

그녀는 내가 손에 든 공책을 흘깃 보며 물었다.

"거기엔 뭐가 들어 있어요?"

"문득 떠오른 아이디어나 내가 '아하!' 하고 깨달음에 이른 순간들이요. 저번에 이곳을 다녀간 뒤로 이렇게 기록을 하기 시작했어요. 중요한 것을 발견했을 때 즉, 아하! 이거였구나 하는 깨달음이 오면, 그걸 공책에 쓰는 거예요. 그리고 바로 실행에 옮기는 겁니다."

나는 웃으며 말했다.

"어떤 생각이 떠올랐을 때 바로 기록해 두지 않으면, 금방 까먹더라고요."

"이번에는 뭐라고 쓰려는 건데요?"

"사실, 이번에는 동그라미를 치려고요."

"동그라미?"

나는 고개를 끄덕였다.

"이미 말했듯이, 이렇게 여행을 하면서 전 제 직감을 믿어야 한다는 걸 배웠어요. 아주 오래전에 그걸 알았죠. 그런데 오늘 내가 마이크를 대신해서 요리사 역할을 잘할 수 있을지 의문이 들었을 때, 난 내 직감을 믿지 않았어요. 그래서 동그라미를 치려고요."

나는 공책을 펼쳤고, 내가 찾고 있는 곳에 이를 때까지 뒤적였다. 그리고 거기에 커다랗게 동그라미를 쳤다. 케이시는 내 행동을 물끄러미 바라보더니 웃으면서 말했다.

"'내 직감을 믿어라'에 동그라미를 쳤네요. 그런데 거기엔 동그라미가 이미 있는데요? 지금 처음 친 것도 아니네요."

나도 웃으며 말했다.

"네, 그렇죠."

'내 직감을 믿어라'라는 말에는 동그라미가 스무 개 가까이 그려져 있었다.

"동그라미는 왜 치는 거예요?"

"나 스스로 상기하는 데 좋거든요. 밤에, 혹은 잠깐이라도 시간이 날 때마다, 이 공책을 죽 훑어봐요. 그러면 동그라미가 많이 쳐진 곳들이 눈에 들어오죠. 배운 걸 잊지 않고 실천하는 데 그만이에요. 결국 동그라미가 많이 쳐진 것들은 내 습관이 되고, 그럼 해당 항목에는 더 이상 동그라미를 치지 않아도 되는 순간이 오죠."

"오늘 또 동그라미를 치신 이유는?"

"최고의 지성도 가끔은 까먹을 수 있으니까?"

우리는 마주 보며 함께 웃었다.

"사실, 오늘은 내가 여기 다시 온 것 자체가 큰일이에요. 아직도 내가 다시 이 카페에 왔다는 게 믿기지 않아요. 처음 이곳에 왔을 때 생각이 나네요. 그날 밤에 감사하고, 그 덕분에 제 인생이 바뀐 것에 정말 감사해요. 이제 나는 더 이상 예전의 내가 아니거든요. 그래서 나는 여기에 돌아왔다는 현실에 적응하고, 또 지금의 나란 사람에게 적응하려고 해요. 무슨 말인지 이해가 되세요?"

케이시는 창밖을 내다보았다.

"너무나 이해하죠. 처음 이곳에 왔을 때 느낀 감정을 기억하신다니 너무 좋네요. 지금 그 말을 들어야 할 사람이 있거든요."

"누구요?"

"저기 저 손님이요. 뭔가 두려워서 자리를 뜨려고 하는 것 같아요."

나는 주문창 너머로 카페 안쪽을 들여다보았다. 아니나 다를까, 여자는 주섬주섬 소지품을 챙기고 있었다.

"나한테 맡겨요."

내가 말했다.

"정말이요?"

나는 미소를 지으며 펼쳐져 있는 공책을 손으로 툭툭 쳤다.

"직감을 믿어라."

"안녕하세요."

제시카는 소지품을 다 챙겨서 막 자리에서 일어나고 있었다.

그러던 와중에 차 키가 테이블 밑으로 떨어졌다. 그녀는 허리를 숙여 손을 뻗쳤다.

"오, 안녕하세요."

내 목소리를 들은 그녀는 고개를 들어 대답했다. 누가 봐도 당황한 모습이 역력했다.

"제가 도와드릴게요."

나는 바닥에 떨어진 차 키를 집어 들었다.

"가시게요?"

그녀는 뭐라고 답을 해야 할지 망설이는 표정이었다.

"어, 그게…… 전 그냥……."

"가고 싶으면 가셔도 돼요."

나는 미소를 지으며 그녀의 눈을 바라보았다.

"그런데 제 느낌에는 여기 좀 더 계시는 게 나을 듯한데. 그쪽도 지금 그렇게 느끼시지 않나요?"

그녀는 나를 바라보았다. 그 눈빛에서 나는 그녀가 매우 혼란스러워하고 있다는 것을 읽을 수 있었다. 그 눈에는 두려움과 함께 다른 무언가가 있었다. 아마 희망? 그녀는 눈길을 돌렸다.

나는 다시 웃었다. 그리고 손을 내밀며 활기차게 말했다.

"제 이름은 존이에요. 이곳의 주방장이지요."

'적어도 지금은 그렇지.' 속으로 생각했다.

"제가 그쪽에게 특별한 아침을 준비해 드릴 기회를 주신다면,

한 시간 정도 후에는 인생을 바라보는 새로운 눈을 가지게 될 것 같은데……. 어떠세요?"

나는 최대한 가볍게 말했다. 정말 맛있는 아침 식사에 재미있게 초대하는 것처럼. 나는 그녀에게 이 카페를 나설 때쯤엔 완전히 새로운 관점으로 세상을 보게 될 것이라고 거창하게 늘어놓고 싶지는 않았다.

그녀는 망설였다. 여전히 나가려고 한다는 걸 느낄 수 있었다. 나는 목소리를 낮추고 약간 그녀 쪽으로 몸을 기울이며 내가 낼 수 있는 가장 귀엽고 매력적인 목소리로 말했다.

"비밀 하나 지켜주실 수 있어요?"

그녀는 자신도 모르게, 웃으며 말했다.

"뭔데요?"

"사실 오늘이 근무 첫날인데요. 그쪽이 제 첫 번째 손님이에요. 그냥 나가버리시면, 주인이 저를 어떻게 생각할까 조금 걱정이에요."

나는 웃으며 걱정된다는 표정으로 말을 이었다.

"저 스스로에 대한 자신감마저 잃게 될까 두렵기도 하고요."

그녀는 다시 한번 웃었다. 효과가 있었다.

"그런 일이 일어나길 바라지는 않으시잖아요. 그렇죠? 저 일 잘하거든요. 그냥 나가버리지 않으신다면, 큰 힘이 될 거예요."

그녀가 나를 쳐다봤다. 나는 웃었다. 잠시 망설이던 그녀는 물건들을 다시 테이블 위에 놓았다.

"감사합니다."

내가 말했다.

"후회하지 않으실 겁니다. 제가 약속하죠."

그녀는 자리에 앉아 휴대폰을 집어 들었다. 또. 습관이다.

"여긴 신호가 잘 안 터지죠. 그렇지만 대화를 나누는 데는 문제가 없어요. 제 말 믿어보세요."

나는 테이블 위 메뉴판 방향으로 고개를 돌리며 말했다.

"메뉴판 한번 살펴보세요. 조금 있다가 케이시가 주문을 받으러 올 거예요."

그녀가 고개를 끄덕였다. 나는 뒤돌아서 주방 쪽으로 가기 시작했다.

"제시카."

그녀의 말에 나는 놀라며 뒤를 돌았다.

"네?"

그녀는 미소를 지었다. 따뜻하고 진실한 미소였다. 가식적으로 지어낼 수 없는 미소. 그녀가 남기로 결정한 건 내가 한 말 때문이 아니었다. 그녀는 스스로의 직감을 믿고 있었고, 그게 옳은 결정이란 걸 벌써 느끼고 있었다.

"제 이름요. 제시카라고 해요."

그녀가 다시 말했다.

"만나서 반가워요, 제시카. 고맙습니다. 나중에 밥 먹고 가기로 한 거 잘했다 싶으실 거예요."

나는 웃으며 대답했다.

# 세 가지 질문

"이제 그쪽 차례입니다."

나는 주방 문을 열고 들어오며 말했다.

"밖에서 어떤 사람이 매력을 엄청 뿜어내고 있던데요?"

케이시는 웃으며 말했다.

"지금까지는 좋았어요. 한데 파인애플이 올라간 프렌치토스트나 블루베리팬케이크 외에 다른 걸 시킨다면 빈 수레가 요란한 격이 되어버릴 텐데……."

케이시는 웃으며 주방 문을 열고 나갔다.

"그래서, 결정하셨나요?"

그녀는 제시카의 테이블로 다가가서 말했다. 제시카는 고개를 끄덕였다.

"조금 더 있으려고요. 주방장이랑 방금 대화를 했거든요."

"어땠어요?"

"재미있는 사람이던데요."

제시카는 웃으며 말했다.

"뭐라고 하던가요?"

"사실 그냥 나가려고 했거든요. 제가 여기서 뭘 하고 있는지도 모르겠고, 오늘 처리해야 할 일도 산더미 같은데……. 하지만 대화를 나누다 보니 제가 계속해서 스스로에게 약속만 하고 지키지는 못했던 게 떠올랐어요."

"그게 뭔데요?"

"편하게 사는 거요. 인생을 즐기고, 확신이 서지 않을 때는 제 직감을 믿는 거요."

"당신을 위해 동그라미를 친 거네요."

케이시가 웃으며 말했다.

"네?"

제시카는 무슨 말인가 의아해하며 물었다.

"이따가 설명해 드릴게요. 아니면 그 사람이 설명해 줄 거예요."

케이시는 고개로 메뉴판을 가리켰다.

"고르셨나요?"

몇 분 후, 케이시가 주문창으로 다가왔다.

케이시는 제시카의 주문이 기록된 종이 한 장을 떼어내 원형 주문판에 붙였다. 그리고 주문창 너머 나를 바라보고 미소 지으며 말했다.

"주문이요."

나는 카운터로 가서 바퀴를 돌려 주문판이 내 쪽으로 향하게 한 뒤 훑어보았다.

"완전 성공이네."

나는 이렇게 말하며 미소를 지었다. 그러고는 주문서를 스토브 옆에 있는 도마 위에 놓으며 혼잣말을 했다.

"파인애플프렌치토스트 바로 나옵니다."

제시카는 케이시가 주문서를 주방으로 가져가는 것을 지켜보면서 생각했다. '이곳은 진짜 좀 이상한 것 같아.'

그녀는 다시 휴대폰을 집어 들다가, 신호가 잡히지 않는다는 것을 기억하고는 다시 내려놓았다. 그때 메뉴판에 적혀 있던 문구가 눈에 들어왔다. 메뉴판의 앞면이 위를 향하고 있었다. 커버에는 카페의 이름이 적혀 있고 웨이터에게 물어보라는 문구가 나온 뒤 맨 아래엔 화살표가 있었다. 그 옆에는 '나를 뒤집어 보세요'라고 적혀 있었다. 그녀는 메뉴판을 뒤집었다. 거기엔 질문이 세 가지 있었다.

당신은 왜 여기 있습니까?
자신의 놀이터에서 놀고 있습니까?
MPO가 있나요?

"이제 그냥 이상한 곳에서 아주 이상한 곳이 될 참이네."

그녀는 혼잣말을 하곤 질문을 하나씩 다시 읽어보았다.

"내가 왜 여기에 왔는지 이유는 모르겠고, 어릴 때 이후엔 놀이터에서 놀아본 적 없고, 빌어먹을 MPO는 또 뭐야?"

그녀는 메뉴판을 다시 뒤집고는 휴대폰을 집어 들었다. 여전히 신호는 잡히지 않았다. 알고 있으면서도 왜 자꾸 휴대폰을 집어 들게 되는 걸까?

"습관을 바꾸려면 시간이 걸리죠."

케이시였다.

"커피 더 드릴까요?

"좋죠."

제시카는 고개를 끄덕이며 휴대폰을 쳐다보았다.

"저 이거에 중독된 것 같아요. 여기에 들어온 이후로 열 번도 넘게 집어 들었거든요. 그냥 계속 휴대폰을 집어 들어요. 무의식적으로."

이렇게 말하고는 주변을 둘러보며 물었다.

"여긴 항상 이렇게 사람이 없나요?"

케이시는 고개를 저었다.

"필요할 때만요."

제시카는 그 말을 이해하지 못했다. 그녀는 다시 휴대폰을 집으려고 손을 뻗었다가 아차 했지만 바보처럼 보이고 싶지 않아 메뉴를 집는 척하고는, 괜히 뒤집어 보았다. 그리고 그곳엔 질문세 가지가 있었다.

"이미 보신 것 같네요."

"네, 몇 분 전에요."

"그리고요?"

제시카는 무슨 말을 해야 할지 몰랐다.

"어…… 흥미로워요……."

그녀는 이 대화가 이렇게 끝나길 바랐다. 갑자기 긴장이 되면서 마치 어울리지 않는 곳, 못 올 곳에 와 있는 것처럼 느껴졌다. 아무 핑계나 대고 자리를 벗어날까 잠시 생각했다.

"괜찮아요. 사람들 대부분이 다 저 질문을 처음 보면 당황하거든요. 무슨 말인가 싶고, 뭘 물어보는 건지도 헷갈리니까요."

케이시는 미소를 지으며 말했다. 제시카는 긴장감이 사라지기 시작했다. 케이시의 침착한 모습이 이상하게도 그녀에게는 위안이 되었다.

"저게 무슨 뜻인가요?"

제시카가 물었다.

"음, 아까 말씀드렸던 것처럼, 커피를 마시러 가면 커피가 나오잖아요? 가끔은 기대 이상으로 훨씬 많은 게 나오기도 하고요. 이 질문들을 보니 손님은 훨씬 더 많은 것을 얻기 위해 여기에 오신 듯해요."

제시카는 케이시의 눈을 바라봤다. 이 차분한 웨이트리스가 조곤조곤 말하는 내용이라는 게 너무나 헷갈렸다. 그녀가 물었다.

"누가 보든 메뉴판은 다 똑같은 거 아닌가요?"

"메뉴는 같아요."

케이시는 대답하고선 미소를 지었다.

"질문만 같지 않을 뿐이죠."

바로 그때, 음식이 준비되었음을 알리는 벨이 울렸다. 케이시와 제시카의 고개가 동시에 주방 쪽으로 향했다.

"빠르네요."

케이시가 말했다.

"준비된 음식을 한번 가져와 볼까요?"

그녀는 주방 쪽으로 향했다.

제시카는 작게 한숨을 쉬었다. 대화가 이상했다. 마치 연극을 하고 있는데 다음 대사가 무엇인지 까먹은 것처럼 기분도 이상했다. 그녀는 메뉴판을 다시 내려다보았다.

당신은 왜 여기 있습니까?

자신의 놀이터에서 놀고 있습니까?

MPO가 있나요?

# 당신은 왜 여기 있습니까?

케이시는 주문받은 음식이 나오는 창가로 다가갔다. 쟁반 위에 과일 그릇이 놓여 있었다. 신선한 파파야, 라임, 채를 썬 신선한 코코넛, 그리고 꼭대기엔 민트 잎이 올라가 있었다.

"흥미롭게 생긴 프렌치토스트네요."

케이시가 웃는 얼굴로 말했다.

"아침 식사 전 간단한 에피타이저입니다. 요리사가 보내는 서비스랄까."

"손님이 파파야를 좋아하는지는 어떻게 알았어요?"

"직감이죠. 냉장고 안에 많은 재료가 있었는데 숙고한 결과, 파파야가 딱일 거 같다는 느낌이 왔어요."

나는 웃으며 말했다.

"좋습니다."

케이시는 쟁반을 들고 제시카의 테이블로 갔다.

"여기 프렌치토스트 나왔습니다."

제시카 앞에 그릇을 내려놓으며 케이시가 말했다. 제시카가 파파야를 쳐다봤다. 무슨 말을 해야 할지 몰라 당황한 듯했다.

"농담이에요."

케이시가 덧붙이며 웃어 보였다.

"손님을 위한 식전 음식이에요. 존이 보내는 호의랍니다."

제시카는 주방 쪽을 바라봤다. 나는 그녀를 보고 손을 흔들었다. 그녀도 약간 어색해하며 손을 흔들어 주었다. 난 크게 웃고 말았다. 나도 카페에 처음 왔을 때, 주방에 있는 낯선 사람에게 손을 흔드는 게 너무나 어색했으니까.

"맛보고, 괜찮은지 말해주세요. 저도 지금 엄청 배고픈데 맛있으면 존에게 하나 더 해달라고 하려고요."

케이시가 말했다. 제시카는 파파야에 라임을 짜서 포크로 민트 잎과 함께 살짝 찍어 입으로 가져갔다. 과일을 먹는 그녀의 얼굴이 밝아졌다.

"맛있어요. 정말 맛있어요."

그녀는 과일을 씹으며 말했다.

"저 이거 혼자 다 못 먹어요. 프렌치토스트도 나올 텐데."

그녀는 접시를 가리키며 말하고는 카페를 둘러보았다.

"상황이 좀 이상하긴 하지만, 다른 손님도 없는데 저랑 같이 드시는 거 어때요?"

"정말이세요?"

제시카는 마음속 망설임을 뒤로 한 채 고개를 끄덕였다. 케이시는 카운터로 가서 포크와 접시를 들고 와 제시카의 반대편 자리로 미끄러지듯 들어가 앉았다. 제시카는 카운터에 놓인 접시와 포크를 보며 케이시가 같이 먹자고 할 것을 예견하고 미리 준비해둔 건 아닌가 생각했다. '그럴 리가.'

"뭐가요?"

케이시는 웃으며 물었다. 잠시 동안 제시카는 본인이 "그럴 리가"라고 소리 내어 말을 했나 싶어 의아했다. 갑자기 헷갈렸다. 그때 케이시가 말했다.

"와. 그렇네요. 정말 맛있어요."

"그렇죠?"

제시카는 과일을 먹고 있는 케이시를 유심히 바라보았다.

"제가 조금 전에 왔을 때, 이 질문들을 보고 계시던데."

과일을 먹던 케이시가 메뉴판을 두드리며 말했다.

"보통 메뉴판에는 저런 질문이 적혀 있지 않잖아요? 근데 저 질문들이 무슨 뜻인지도 잘 모르겠어요."

케이시는 고개를 끄덕였다.

"네, 흔히 하는 질문이 아니긴 하죠."

그녀는 과일을 또 한입 베어 물었다.

"하지만 정말 중요한 질문이죠."

제시카는 그 질문들을 다시 보며 갑자기 마음을 열고 이 웨이트리스에게 모든 것을 쏟아내고 싶은 충동을 느꼈다. 슬픔과 좌절, 다른 사람의 인생을 살고 있는 것처럼 느껴지는 이 불편한 마음……. 아냐, 아냐, 알지도 못하는 사이에 그런 말을 하면 정말 우스워질 거야. 게다가, 사람들은 남의 일에 신경 쓰지 않아. 모두 그런 마음을 그저 자기 가슴에 묻고 앞으로 나아갈 뿐.

하지만 모든 걸 쏟아내고 싶은 마음이 사라지지 않았다. 자신도 모르게 갑자기 나타나 온몸에 퍼지는 통증과도 같았다.

"내가 여기서 뭘 하고 있는 거지?"

그녀가 낮은 목소리로 혼잣말하듯 물었다.

"좋은 질문이에요. 대화를 시작하기 좋은 질문."

케이시는 과일에서 눈을 떼고 제시카를 바라보며 나지막이 대답했다. 그 말에 제시카가 카페를 둘러보았다.

"제가 지금 어딜 온 거죠? 여긴 대체 뭔가요?"

"특별한 기회가 가득한 특이한 장소에 와 계세요."

케이시가 웃으며 답했다. 제시카는 어리둥절한 표정으로 그녀를 쳐다보았다.

"무슨 뜻인지 모르겠어요. 수수께끼처럼 들려요."

"그렇죠."

제시카는 그녀의 마음속에 있는 생각을 쏟아내고 싶은 충동을 또 느꼈다. 영혼 깊숙한 곳 어딘가에서 솟구치는 고통이자 욕망이었다. 그러자, 난데없이 눈물이 흘러나왔다. 그녀는 테이블로 눈을 내리깔았다. 얼마나 정적이 흘렀을까. 제시카가 고개를 들어 케이시를 바라보았다.

"어떻게 해야 할지 모르겠어요."

그녀는 눈물을 떨구며 나지막한 목소리로 말했다.

"난 정말 길을 잃은 느낌이에요."

케이시가 고개를 끄덕였다.

"알아요."

제시카는 흐르는 눈물을 닦았다. 하지만 또다시 눈물이 차올랐다.

"안다니, 무슨 뜻이에요?"

"이곳은 길을 잃은 사람들이 발견하게 되는 곳이거든요."

나는 제시카가 앉아 있는 테이블 쪽을 바라보았다. 제시카는 울고 있는 것 같았다. 뭔가 혼란스럽고 힘들어 보였다.

"세상 끝의 카페에 오신 것을 환영합니다."

나는 혼잣말로 속삭였다. 제시카는 당장이라도 자리에서 일어나 나가버릴 것처럼 보였다. 케이시에게 감당하기 힘든 강렬한 존재감이나 압박감 같은 걸 느끼고 있는 것 같았다.

"가지 마세요."

내가 작은 소리로 말했다.

"다 괜찮아질 거예요. 조금만 있어 보세요."

뒤에서 치익 하는 소리가 들렸다. 프렌치토스트를 뒤집을 시간이 된 것이다.

나는 다시 가스레인지 쪽으로 몸을 돌려 넓적한 프라이팬에 담긴 음식의 조리를 마무리했다. 카페에 처음 왔을 때의 기억이 물밀듯이 밀려왔다. 나도 그냥 나가려고 했었는데……. 이 장소가 이상해 보였으니까. 메뉴판에 있던 질문들이 나를 헷갈리게 했으니까. 하지만 질문들 사이로 뭔가 아주 중요한 게 관통하고 있는 것처럼 느껴져서 결국 나가지 않았고, 그건 좋은 선택이었다. 그로 인해 내 인생이 바뀌었으니까. 왠지 제시카도 나와 같을 것이라는 생각이 들었다.

그러다가 무심코 테이블 쪽을 힐끗 돌아보는데 케이시가 내쪽을 바라보고 있었다. 눈이 마주친 케이시는 고개를 끄덕이며 내게 미소를 지었다. 내가 무슨 생각을 하고 있는지 안다는 듯한 표정이었다. 나도 그녀에게 미소로 답례한 후 다시 조리대로 몸을 돌려 속삭였다.

"세상 끝의 카페에 오신 걸 환영합니다."

제시카는 냅킨으로 눈물을 닦고 있었다. 이제 좀 진정이 되는 듯했다. 케이시가 그녀를 바라보며 말했다.

"눈물은 아주 강한 신호예요. 뭔가 응어리가 져 있다는 뜻이죠. 때때로 눈물은 우리의 심장이 우리 존재와 소통하는 유일한 방법인 듯해요."

제시카는 고개를 끄덕였다. 케이시가 무슨 말을 하는지 확실히는 몰랐지만, 뭔가 맞는 말 같았다.

"제 생각엔 그쪽 심장이 이곳에 조금 머무르라고 말하고 있는 것 같아요."

"네. 저도 그런 것 같아요."

제시카는 또 고개를 끄덕이며 나지막이 말했다. 메뉴판은 여전히 세 가지 질문이 위쪽을 향한 채 테이블 위에 놓여 있었다.

케이시는 첫 번째 질문을 손가락으로 툭툭 쳤다. 제시카가 내려다보았다.

당신은 왜 여기 있습니까?

"당신의 심장이 뭐라고 답을 하나요?"

케이시가 부드러운 목소리로 물었다.

"심장이 텅 빈 것 같은데, 그 텅 빈 느낌에 질렸대요. 삶에는 이런 공허함이 아닌 다른 뭔가가 있을 거라고 말하고 있어요."

제시카가 고개를 들고 말했다.

"매우 훌륭한 지혜의 목소리처럼 들리네요."

케이시는 미소를 짓고는 잠시 후 덧붙였다.

"몇 초 전에 당신은 메뉴에 있는 것과 거의 같은 질문을 했잖아요. '내가 여기서 뭘 하고 있는 거지'라고 물었죠? 그게 무슨 뜻이에요?"

제시카가 고개를 저었다.

"저도 모르겠어요. 그냥 저도 모르게 튀어나왔어요."

그녀는 망설였다.

"인생에는 더 많은 것이 있어야 하지 않나요? 재미있거나, 흥미롭거나, 신나거나? 저는 앞만 보며 제 삶을 계속 밀어붙여 왔어요. 그리고 이제는 외진 카페에 앉아 처음 만난 사람 앞에서 울고 있어요. 제가 느끼는 가장 괴로운 감정은, 제가 뭔가를 놓치고 산다는 거예요."

그녀는 시선을 돌렸다.

"저는 지금 사는 게 재미있지도 않고, 시큰둥할 뿐, 전혀 신나지 않으니까요."

"바다 좋아하세요?"

"좋아했죠. 제가 하와이에 온 이유도 바다 때문이에요. 바다에 둘러싸여 매일 바다를 보고 싶었어요."

"그랬군요."

"그런데 이제 바다 쪽에는 눈길도 주지 않아요."

"저를 따라오세요."

케이시는 테이블에서 일어나 카운터에 있던 쟁반을 가져왔다. 그러고는 쟁반 위에 접시, 은그릇, 유리잔, 그리고 과일 그릇을 놓았다.

"이쪽으로요."

케이시는 이렇게 말하며 카페의 맨 끝 쪽에 있는 문을 향해 고개를 까딱했다.

# 본 적 없는 아름다움

그곳 경치가 눈에 들어오자 제시카는 숨이 멎는 것 같았다. 하와이 해안선의 중심부가 내려다보이는 고층 사무실에서 일하는 덕분에 아름다운 경관은 물리도록 보는데도 사무실에서 내다보는 경치는 이렇지 않았다. 여긴 말 그대로 완벽 그 자체였다. 모두가 엽서에 담고 싶어 하는, 모험가들이 꿈꾸는 아름다움의 정수 같았다.

조금 전에 케이시와 함께 건물 맨 끝 쪽에 있는 평범한 문을 지나 카페를 나선 것뿐이었는데.

"모든 문은 어딘가로 통해요."

케이시가 말했다.

"그런데 그 문을 나와봐야 어딘지 알 수 있지요."

문을 통과했을 뿐인데, 지금껏 본 적 없는 아름다운 해변이 제시카를 맞아주었다. 바다는 장엄한 청록색이었다. 그리고 파도가 밀려와 공중으로 쭉 솟아올랐다가 무너지기 직전, 위쪽에는 포말이 아래쪽에는 무지갯빛이 아롱거렸다.

모래조차 아름다웠다. 흰색이 도는 반짝반짝 빛나는 노란색. 제시카는 모래를 한 줌 움켜쥐었다. 정말 깨끗한 모래였다. 손바닥에 부드러운 촉감으로 다가오는 작은 알갱이들. 모래가 손가락 사이로 스르르 빠져나갔다.

제시카는 고개를 들었다. 그녀가 하와이에 오기로 결정했을 때 상상했던 풍광이 바로 눈앞에 펼쳐져 있었다. 바람에 흔들리는 키 큰 코코넛 야자수. 그리고 바다의 냄새가 밀려왔다.

"여긴 어디예요?"

그녀가 놀란 얼굴로 물었다.

"천국이요. 세상 끝의 카페 뒤쪽이기도 하죠. 저희 카페의 오션뷰 특별석이랍니다."

케이시가 답했다. 제시카는 뒤를 돌아보았다. 그곳에는 카페 뒷면 벽, 그들이 방금 걸어 나온 문, 그리고 모래가 보였다. 그녀는 다시 바다 쪽으로 고개를 돌려서 어리둥절한 표정을 짓더니 케이시에게 물었다.

"이게 어떻게 된 건지 잘 모르겠어요."

케이시는 카페 방향으로 고갯짓을 했다. 제시카도 다시 돌아봤다. 이번에는 카페에서 이어진 지붕 밑에 대나무 테이블과 대나무 의자가 놓여 있었다.

"어떻게 이런 일이……?"

제시카가 놀라며 물었다.

"깜박했네요."

케이시가 대답한 후 미소 지었다.

"존에게 우리가 밖으로 나왔다고 말해주고 올게요."

그녀는 카페 뒤편 벽으로 걸어가기 시작했다. 그러자 분명 방금 전까지만 해도 보이지 않았던 빗장이 나타났고 케이시가 빗장을 향해 손을 뻗는 순간 벽의 위쪽 절반이 아래로 내려와 밑으로 접혔다. 그러곤 내부에 있는 것과 비슷한 주문 카운터가 생겼다. 덕분에 이젠 주방에서 웅장한 바다 전망을 내다볼 수 있게 되었다.

"내가 제정신인가?"

나는 부엌 뒤의 벽면이 접히는 것을 보며 놀라서 외쳤다.

"그럼 물론이죠."

케이시가 답하며 미소 지었다. 나는 해변과 먼바다를 바라보았다.

"와! 이 전망 아주 근사한데요."

"맘에 들어 할 줄 알았어요. 실내에서 말고 야외에서 식사를 대접하는 게 어떨까요? 이 바깥 공기가 좋은 기를 불어넣어 줄 것 같은데."

"물론 괜찮죠. 주문한 식사 거의 다 준비됐어요."

나는 다시 밖의 경치를 내다보았다. 정말 장관이었다. 바다, 야 자수, 모래……. 멀리 파도 속에서 서핑보드에 앉아 물장구를 치 고 있는 서퍼 두 사람의 모습이 눈에 들어왔다.

이렇게 그들을 보고 있는 동안, 서퍼 중 한 명이 내게 손을 흔 들었다. 나는 눈을 비비고 다시 보았다. 두 명 모두 파도를 타고 있었다. '잘못 본 걸 거야.'

케이시는 내가 카운터에 올려둔 파인애플프렌치토스트 접시 를 제시카가 앉아 있던 테이블로 가져갔다. 해변 쪽 공간은 어느 자리에 앉건 나쁜 자리는 하나도 없었지만 제시카는 최고라 할 수 없는 자리를 선택해 앉아 있었다.

"원하면 저쪽으로 옮기셔도 좋아요."

케이시는 전망이 더 좋은 테이블 쪽을 향해 고갯짓을 했다. 제 시카는 그 테이블을 힐끗 쳐다보며 망설이는 것 같았다.

"아뇨, 괜찮아요. 여기도 정말 괜찮아요."

"정말요?"

케이시가 웃으며 말했다. 제시카는 또다시 망설였다.

"네, 정말요. 이 자리도 괜찮아요. 정말 괜찮습니다."

그녀는 다시 그 테이블을 쳐다보다가 말했다.

"괜찮은 것 이상을 원해도 괜찮아요."

케이시의 말에 제시카는 머릿속에서 혼자 대화를 하듯 잠시 생각에 잠긴 채로 다시 한번 망설였다. 케이시는 그런 제시카를 바라보며 차분히 기다리다가 입을 뗐다.

"그럼 이쪽에 1~2분 정도만 한번 앉아보면 어떨까요? 그다음에 결정하는 거예요. 싫으면 언제든 다시 원래 자리로 돌아가면 되니까."

이 말이 제시카의 마음을 움직였다. 그녀는 자리에서 일어나 해변이 가장 잘 보이는 테이블 쪽으로 갔다. 케이시가 음식을 들고 따라갔다. 제시카가 앉았다.

"어때요?"

케이시가 물었다. 제시카는 비로소 웃음을 지어 보였다. 그녀가 이 카페에 들어선 이후 보인 가장 큰 미소였다.

"여기가 훨씬 좋네요."

제시카가 말했다.

"고마워요."

케이시는 음식이 담긴 쟁반을 테이블에 내려놓았다.

"왜 그랬는지 모르겠어요."

그때 제시카가 말했다.

"무슨 말이에요?"

"난 괜찮은 걸로 그냥 만족해요. 사실 이 테이블을 보고 이쪽으로 옮기고 싶었거든요. 근데 그냥……."

제시카가 말을 멈추었다.

"때로는 이런 게 그렇게 중요하지 않아요."

케이시가 입을 뗐다.

"우리는 현재의 상황에 그냥 안주하죠. 그러다 보면 우리가 진실로 원하는 수준이 아니어도 기꺼이 받아들이는 게 습관이 되어버려요. 이 카페에 오신 분들은 계속 그런 식으로 산다면 삶이 그다지 행복하지 않을 거라는 걸 알게 되죠."

제시카가 덧붙였다.

"그쪽은 그런 부류에 속하지 않는 듯해요."

"그러니까요."

케이시는 미소 지으며 답했다. 그러고는 "여기요" 하며 쟁반 위의 음식을 하나씩 집어 테이블 위에 올려놓았다.

"우리 카페의 전문 메뉴인 파인애플프렌치토스트입니다. 조금 색다르게 즐겨볼 의향이 있다면 수제 코코넛 시럽과 함께 드셔보세요."

제시카가 고개를 끄덕였다.

"그리고 이건 신선한 파인애플주스입니다."

종이와 나무로 만든 작은 우산이 주스 잔에 꽂혀 있었다. 제시카는 그 우산을 집어 들고 미소를 지었다. 우산 손잡이에는 파인 애플 한 조각이 꽂혀 있었다. 제시카는 그 파인애플을 먹고 작은 우산을 폈다 접어보았다.

"저 어렸을 때 이기 되게 좋아했어요."

제시카는 생각에 잠긴 표정으로 말했다.

"저희 집에 이게 다섯 개가 있었는데, 아침 식사를 할 때 엄마 가 주스 컵에 하나씩 꽂아주셨죠."

제시카가 한숨을 쉬었다.

"수백 번은 씻으셨을 텐데, 어쩜 한 번도 부러진 적이 없었어 요. 어디서 그런 걸 사 오셨는지도 모르겠어요. 저희 동네는 아주 가난했거든요⋯⋯. 오빠들은 신경도 쓰지 않았겠지만, 저는 이 우산이 너무 좋았어요. 별거 아닌 건데 정말⋯⋯."

그녀는 잠시 말을 멈추었다.

"제가 하루하루를 뭔가 기대하며 살 수 있게 해주었죠."

그녀는 우산을 다시 폈다가 접더니 테이블 위 저쪽으로 밀어 놓았다.

"오래전 일이에요."

그녀는 이제 추억에서 빠져나온 듯 건조한 목소리로 말했다. 얼굴에 미소도 사라져 있었다.

케이시는 고개를 끄덕였다.

"매일 살면서 뭔가 기대할 게 있다는 건 참 좋은 거예요. 이게 어떤 의미였는지 알 것 같아요."

케이시는 쟁반을 다른 테이블에 두고 제시카의 맞은편에 앉았다.

"뭐 하나 물어봐도 돼요?"

제시카가 고개를 들며 말했다.

"그럼요."

"다른 사람을 도와주는 거 좋아해요?"

"무슨 뜻이에요?"

"다른 사람 도와주는 거. 타인을 위해 무언가를 해주고 도와주는 거 말이에요."

"네, 그럼요."

"다른 사람의 도움을 받아들이는 것보다 다른 사람들을 도와주는 게 더 쉽게 느껴지나요?"

제시카는 고개를 옆으로 살짝 기울이더니 미소를 지었다.

"네, 그런 것 같아요."

케이시는 고개를 끄덕이다가 말했다.

"왜 그렇게 이기적이에요?"

이 말을 듣고 제시카의 자세가 바로 바뀌었다. 그녀는 케이시로부터 거리를 두려는 듯 의자 등받이에 기대어 똑바로 앉았다.

"무슨 뜻이에요? 전 이기적인 사람이 아니에요."

목소리에 날이 서 있었다.

"다른 사람을 도와주는 게 왜 좋아요?"

케이시는 부드러운 미소와 함께 제시카를 바라보며 말했다. 제시카는 망설였다.

"왜냐면 사람들은 도움이 필요하니까요? 그리고 그건……."

목소리에는 여전히 날이 서 있었고 말을 더듬었다.

"내가 도와줘서 사람들에게 도움이 되면 좋으니까요!"

"맞아요."

제시카는 눈길을 돌렸다가 다시 케이시를 바라보았다. 목소리가 조금은 부드러워졌다.

"다른 사람을 도와주는 건 기분 좋은 일이에요."

케이시는 그녀를 지긋이 바라볼 뿐 아무 말도 하지 않았다.

"제 기분이 좋아진다고요. 다른 사람을 도와주면 기분이 좋아져요. 그래서 좋아하는 거죠."

제시카의 말을 듣고 케이시는 고개를 끄덕였다.

"도움을 받는 사람들도 같은 이유에서 남을 도와주려 하지 않을까요?"

제시카는 멀리 바다를 바라보았다. 어느새 표정이 부드러워져 있었다.

"그래서 제가 이기적이라고 한 거군요. 그렇죠? 다른 사람의 도움을 거절함으로써 그 사람들이 좋아하는 걸 할 기회를 거부했으니까."

그녀는 케이시를 바라보았다.

"전 평생 그렇게 살아왔어요. 다른 사람들에게 폐를 끼치고 싶지 않았어요……. 그래서 사람들이 저를 도와주려 하면 항상 도망쳤어요."

그러곤 고개를 숙였다.

"제가 그 사람들에게서 무엇을 앗아 간 것인지 전혀 깨닫지 못하고 있었어요."

케이시는 이해한다는 듯 고개를 끄덕였다.

"많이 주는 사람들은 정작 본인이 받는 건 어려워해요."

그녀는 이 말을 하고 미소를 지었다.

"조금 전 같은 깨달음을 얻기 전까지는 말이죠."

"왜 이런 이야기를 제게 하시는 거죠?"

제시카가 케이시를 쳐다보며 물었다.

"오늘 바로 깨달음을 실천하시면 도움이 될 것 같아서요."

케이시는 웃으며 말했다.

# 살면서 가장 잘한 일

따뜻한 바람이 주방 안까지 불어왔다. 나는 바다 공기를 길게 들이마시고 파도를 바라보았다. '와. 난 하와이가 너무 좋아.'

케이시와 제시카는 테이블에 앉아 대화를 나누고 있었다. 카페에 들어오는 손님이 더 이상 없어서 나는 혼자 주방에 선 채로 프렌치토스트를 먹고 있었다. 나는 다시 바다를 바라보았다.

"서퍼들이 사라졌네."

바다를 죽 훑어봤지만 보이지 않았다. 파도가 완벽해서 서핑하기 딱이겠다 싶었고 서핑보드는 어디에서 빌리나 궁금했다.

"제 거 빌리셔도 돼요."

귀에 익숙한 목소리가 들려왔다. 소리가 나는 쪽으로 고개를 돌렸다.

"마이크!"

나는 소리치며 미소를 지었다. 그가 내 마음을 읽고 답을 했다는 사실은 이미 안중에 없었다. 마이크를 만난 것 자체가 너무 좋았다. 처음 이 카페에 왔을 때 본 게 마지막이었는데.

"아저씨가 존 아저씨세요?"

그의 옆에 서 있는 작은 꼬마 숙녀가 내게 물었다.

"맞아. 어떻게 알았어?"

나는 카운터에 기대어 아이를 바라보며 웃었다.

"아빠가 오늘 아저씨가 여기 오실 거라고 했거든요."

'나도 내가 오늘 여기에 올 줄 몰랐는데……'

"어떻게 마이크는 내가 올 걸 알았을까?"

"제 이름은 에마예요."

아이가 말했다. 나는 다시 아이에게 집중했다.

"만나서 반갑구나, 에마."

"케이시 아줌마한테 가도 돼요?"

아이가 아빠의 손을 잡아당기며 물었다. 마이크는 고개를 끄덕였고 아이는 케이시와 제시카가 앉아 있는 쪽으로 신나게 달려갔다. 에마가 뛰어가는 모습을 바라보던 마이크가 내게로 몸을 돌렸다.

"다시 만나서 반가워요, 존."

그는 웃으며 카운터 위로 악수를 청했고, 우리는 힘차게 손을 맞잡았다.

"다시 이곳에 오게 되어 정말 좋아요."

나는 바다 쪽으로 고개를 까닥하며 말했다.

"이사를 했네요."

"얼추 비슷한 거예요."

그는 이렇게 말하고 다시 미소를 지었다.

"프랜차이즈에 대해 언급한 고객에게 영감을 받았거든요. 그리고 그다음은 이렇게 보시다시피……."

케이시처럼, 마이크는 내가 처음 이 카페에 왔을 때 했던 말을 언급하고 있었다.

"어떤 사람인지 궁금한데요?"

나는 웃으며 말했다.

"있어요. 좋은 사람. 아주 큰 모험길에 오른 아주 좋은 남자."

그때 케이시와 제시카가 앉아 있는 테이블에서 웃음이 터져 나왔다. 돌아보니 에마가 우스운 짓을 하고 있는 게 눈에 들어왔다. 바다 동물을 흉내 내고 있는 것처럼 보였는데 눈을 최대한 크게 뜨고 춤을 추고 있었다.

"내가 이곳에 다녀간 이후로 큰 모험을 한 사람이 나뿐만은 아닌 것 같네요."

내가 말했다.

"내가 한 일 중에 가장 잘한 일이에요. 모든 사람에게 그런 건 아니겠지만, 농담 아니고 정말로 놀라운 일이에요."

마이크는 나를 다시 바라보며 말했다.

"몇 살이죠?"

"일곱 살 됐어요."

"일곱 살 치고는 대단히 자신감이 넘치는데요. 그 아빠에 그 딸이랄까."

"에마는 대단한 꼬마예요."

"아까 서핑하던 사람들이 바로 에마랑?"

"네. 맞아요. 아침 내내 서핑하고 아침을 거하게 먹을 준비가 됐지요. 메뉴는 뭐죠?"

"내가 지난번 이곳에 왔을 땐 그쪽이 주방장이었잖아요. 이젠 아닌가요?"

나는 웃으며 말했다.

"글쎄, 괜찮으시면 오늘은 그쪽에서 주문을 받아주시길. 다음 단계로 올라갈 때가 됐거든요."

그는 웃으며 대답했다. 나는 어떻게 답을 해야 할지 감이 오지 않았다. 요리를 그다지 잘하지도 못하는데, 이상하게도 내가 요리사 역할을 하는 게 당연한 것처럼 느껴졌다. 이 모든 상황이 그렇다고 말하고 있었다.

"그래요. 필요할 때 도와만 주세요."

내가 대답했다.

"좋아요."

나는 내 뒤 카운터에 있는 메뉴판을 향해 손을 뻗었다.

"메뉴는 정확히 알고 계실 테지만, 편하게 보고 주문해 주세요."

그는 메뉴판을 뒤집어 뒷장에 있는 세 가지 질문을 손가락으로 가리켰다.

"이것들은 뭐죠?"

"인생을 바꿀 대화의 문을 열어줄 단초지요."

나는 이렇게 대답하곤 살짝 웃어주었다.

# 자신의 놀이터에서 놀고 있습니까?

케이시와 제시카는 에마가 아빠에게 뛰어가는 모습을 지켜보았다. 에마는 아침에 있었던 일들을 조잘조잘 이야기해 주고 가던 참이었다. 서핑을 하는 동안 물 밖으로 점프하는 점박이 가오리를 보았다는 이야기. 그리고 서핑을 하다가 돌고래가 바로 옆으로 지나가는 바람에 파도 속에 빠지고 말았다는 이야기를.

"아이가 아주 활기가 넘치네요."

제시카가 말했다.

"맞아요."

케이시가 대답하며 미소 지었다.

"항상 저래요?"

"그렇죠. 에마가 놀이터에서 잘 뛰어놀 수 있도록 마이크가 에마를 존중해 주고 잘 가르친 덕이죠."

"마이크가 아이의 아빠인가요?"

"네. 저기 서 있는 저 남자예요."

케이시는 마이크가 서 있는 곳을 가리키며 말했다.

"이곳에 자주 오나요?"

케이시는 웃으며 대답했다.

"그렇죠. 여기 주인이거든요."

"아."

제시카는 부녀를 잠시 쳐다보다가 다시 케이시 방향으로 몸
을 돌리며 "미안해요"라고 말하고는 고개를 저었다.

"방금 전 딴생각을 하느라 잘 못 들었어요. 에마가 항상 저렇
게 에너지가 넘치는지 물었을 때 뭐라고 하셨죠?"

"에마가 놀이터에서 잘 뛰어놀 수 있도록 마이크가 에마를 존
중해 주고 잘 가르친 덕이라고요."

케이시는 미소를 지으며 답했다. 그러곤 테이블에 놓인 메뉴
를 향해 흘긋 눈길을 보냈다. 제시카는 그녀의 시선을 따라갔다.
메뉴판 뒷면이 위를 향하고 있었다. 그곳엔 그녀가 좀 전에 보았
던 세 가지 질문이 있었다.


당신은 왜 여기 있습니까?

자신의 놀이터에서 놀고 있습니까?

MPO가 있나요?


제시카는 메뉴를 보다가 고개를 들어 케이시를 바라보았다.

"궁금한 게 있는데요. 도대체 이 놀이터라는 게 뭐죠?"

"어렸을 때 놀이터에서 놀아본 적 있나요?"

케이시가 물었다.

"음, 아주 오래전이라 생각 좀 해봐야겠어요. 그러니까 제 말
은……."

케이시는 몸을 앞으로 숙이며 제시카를 쳐다보았다. 그 바람
에 제시카는 말을 하다 멈칫했다.

"있잖아요. 아까 도움을 받는 것보다 다른 사람들을 돕는 게
더 편하다는 사람들에 대해 이야기했죠? 그런 사람들은 자기 이
야기를 잘 안 해요."

케이시가 말했다. 케이시는 제시카가 생각할 시간을 주었다.

"제가 질문을 하는 이유는 진심으로 궁금하기 때문이에요."

"알아요."

"어렸을 때 놀이터에서 놀아봤어요?"

케이시는 미소를 지으며 말했다.

"별로요."

제시카는 고개를 저었다. 그러곤 잠시 쉬었다가 말했다.

"전 어린 시절이 꽤 힘들었어요……."

기다려도 제시카가 더 이상 아무 이야기도 하지 않자 케이시가 또 질문을 던졌다.

"어린 시절에 좋아했던 것 중에 기억에 남는 거 없어요?"

제시카는 시선을 돌렸다. 오래된 기억을 뒤지고 있는 것처럼 보였다.

"전 어렸을 때 그네에서 놀곤 했어요."

그녀가 마침내 입을 열었다. 그러곤 케이시를 향해 다시 돌아앉았다.

"저희 집 거리의 끝자락에 공원이 하나 있었어요. 집에서 힘든 일이 생기면, 공원으로 달려가 그네를 탔죠. 몇 시간 동안 탄 적도 있어요. 사람들이 찾으러 오면 항상 전 그곳에 있었죠."

케이시는 고개를 끄덕였다.

"왜요?"

"모르겠어요. 제 피난처였던 것 같아요. 커다란 나무에 그네가 두 개 달려 있었어요. 공원을 찾는 사람들도 거의 없어서, 가면 항상 비어 있었거든요. 나무는 엄청 커서, 그 나무 그림자가 저를 숨겨주었죠. 제 발끝에 허공이 충만하다는 걸 느낄 때까지 그네를 타고 높이 올라갔어요. 그네 탈 때 가장 높이 올라가는 그 순간 아시죠?"

제시카는 잠시 말을 멈추었다가 다시 이었다.

"저는 그 순간에 시간이 멈춰서 그냥 떠 있으면 좋겠다고 생

각했어요. 방금 태어난 작은 구름인 척하곤 했죠. 그렇게 몇 초만
더 자유롭게 떠 있을 수 있는 방법을 배웠다면, 하늘로 탈출할 수
있었을 텐데. 모든 것을 뒤로한 채 말이죠. 영원히."

제시카의 눈가에 눈물이 맺히기 시작했다. 그녀는 재빨리 눈
물을 훔쳤다.

"하지만 그럴 수 없잖아요. 아무리 노력해도, 내가 아무리 높
이 그네를 타도, 전 항상 다시 내려왔어요. 그리고 그곳으로 돌아
가야 했어요."

"하지만 이젠 아니죠."

"맞아요. 이젠 아니죠. 열일곱 살 때 집을 나온 뒤로 한 번도 돌
아간 적이 없으니까요."

"그리고 당신은 그때 이후로 스스로를 채찍질하며 살아왔죠."

"맞아요. 그 이후로 쭉."

제시카는 바다를 응시하며 말했다.

"왔어? 우리 코코넛."

마이크는 에마를 안아서 음식이 나오는 주문창과 카운터 옆
에 있는 의자에 앉혔다.

"아빠가 절 부르는 애칭이에요. 제가 아기였을 때 코코넛만 했

대요."

에마의 설명에 절로 웃음이 나왔다.

"케이시 아줌마한테 인사했어?"

마이크가 에마에게 물었다.

"응. 제시카 아줌마랑도 인사했어. 케이시 아줌마 친구. 아침에 봤던 가오리랑 돌고래 얘기 해줬어."

"오오 잘했네. 오늘은 존 아저씨가 우리의 깜짝 셰프인데, 아침 식사 어때? 뭐 먹고 싶어?"

나는 에마가 파인애플이 올라간 프렌치토스트를 주문해 주길 바랐다.

"음…… 오믈렛이랑 과일 올라간 팬케이크?"

마이크는 고개를 끄덕였다.

"좋은데? 셰프한테 이야기해 봐."

에마는 의자를 돌려 나를 바라보았다.

"제가 요리하는 거 도와드려도 돼요?"

나는 마이크를 쳐다보았다.

"난 환영이죠. 셰프만 괜찮다면야."

나는 에마에게로 몸을 돌려 말했다.

"멋진데? 주방으로 가서 같이 만들어볼까?"

에마는 의자에서 폴짝 뛰어내려 주방 문을 향해 걸었다.

"마이크 씨는?"

내가 물었다.

"파인애플이 올라간 프렌치토스트를 먹어볼까요? 그리고 두 분이 요리하는 동안, 전 서핑보드 좀 정리하고 올게요."

그는 미소를 지으며 말했다.

"좋죠. 준비되면 부를게요."

나는 재료를 챙기기 시작했다. 잠시 후 문이 열리더니 에마가 들어왔다. 에마의 걸음걸이에는 어른에게선 찾아볼 수 없는 활기가 넘쳤다. 걸으면서 동시에 춤을 추고 또 폴짝 뛰는 것처럼, 모든 것을 동시에 하고 있었다. 목적지에 1분 1초라도 빨리 도달하지 못해 안달이 난 사람처럼.

"어디서부터 시작해 볼까?"

"제가 재료 가져올게요."

에마가 대답했다.

"전 자르는 건 잘 못해요. 아저씨가 해주실래요?"

"좋아. 그럼 내가 자르면 네가 섞을래?"

"좋아요."

우리는 모든 재료를 카운터 위에 올려놓고, 오믈렛, 팬케이크, 그리고 마이크에게 줄 프렌치토스트를 만들 준비를 시작했다.

"우리 아빠가 아저씨는 모험하는 중이라던데, 진짜예요?"

에마의 물음에 난 고개를 끄덕였다.

"비슷해."

"어떤 모험이에요?"

"음, 아저씨가 지난번 아빠를 만났을 때, 그때는 어떻게 살아야 할지 몰라서 혼란스러웠었어."

"슬펐어요?"

"아니. 슬프진 않았어. 삶이 그저 내 옆을 스쳐 지나가는 것만 같고, 내가 원하던 즐거움이나 재미는 찾지 못했었지."

"그래서 모험을 떠난 거예요?"

"응, 먼저 어떤 종류의 모험을 떠나고 싶은지부터 생각했어. 그리고 어떤 모험을 떠날지 정한 후엔, 몇 년간 돈을 좀 모으고 출발했어."

"어디로요?"

"전 세계."

"전 세계를 다 본 거예요?"

에마는 놀란 눈으로 나를 쳐다보았다.

"음, 세계여행을 떠났지. 세계 곳곳을 다 보지는 못했어. 하지만 많은 곳에 가봤어."

나는 미소를 지으며 대답했다.

"여기저기 이렇게요?"

나는 또 미소를 지었다. 정말 에너지가 가득한 아이였다.

"맞아. 사실 지금 막 여행을 마치고 돌아가는 길이야. 아프리카, 중앙아메리카, 동남아시아를 다녀왔어."

"일은요?"

나는 웃음이 터졌다.

"가끔 해. 맨 처음 여행을 마치고 나서 내가 여행을 아주 좋아한다는 사실을 알게 되어서 여행을 더 많이 다니고 싶어졌어. 그때부터 1년 동안은 일하고, 1년 동안은 여행을 하기 시작했단다. 1년 일하고, 1년 여행하고."

"저축을 잘하시나 봐요. 우리 아빠는 일주일에 한 번씩 용돈을 주세요. 전 가끔 정말 사고 싶은 걸 사려고 아껴두기도 하지만 대부분은 받자마자 바로 써요."

"음, 아저씨 생각에 에마는 이미 인생에서 중요한 교훈을 배운 것 같네."

"그게 뭔데요?"

"내가 원하는 게 뭔지 알면, 그걸 위해 저축하기가 쉬워진다는 거."

"맞아요. 제가 너무너무 가지고 싶었던 서핑보드가 있었는데요, 아빠랑 거래를 했어요. 제가 그 가격의 절반 정도 돈을 모으면, 나머지 반은 아빠가 내주겠다고요."

"그래서. 결국 샀어?"

에마는 아주 열정적으로 고개를 끄덕였다.

"아까 걸어올 때 들고 있던 파란 서핑보드가 그거예요."

"저축하기가 어땠어? 힘들었어?"

"가끔은요. 그러니까, 다른 것도 갖고 싶었거든요. 제가 진짜 좋아하는 조랑말 인형이나 장난감 같은 거요. 하지만 서핑보드랑 비교하면…… 서핑보드가 더 가지고 싶었어요. 거기다가, 제 친구의 언니가 서핑보드를 한 번 빌려줬는데, 제가 가지고 싶어 하던 거랑 비슷한 종류였거든요. 그 이후에 저축하기가 훨씬 쉬워졌어요. 그 서핑보드를 한번 타고 났더니 제가 원하는 거라는 확신이 생겼거든요."

나는 미소를 지었다. 에마는 말을 할 때 너무나 활기차고 너무나 거리낌 없이 솔직했다.

"아저씨의 여행이랑 거의 똑같은 것 같네. 아저씨가 생각을 정리하려고 코스타리카에 가서……."

"우리 아빠 코스타리카 완전 좋아하는데!"

에마가 끼어들었다. 나는 또 한 번 미소를 지었다.

"아저씨도 기억나. 음, 코스타리카는 아저씨가 처음으로 가본 나라였어. 그때가 너무나도 좋아서, 다시 돌아온 후에 돈을 모으는 것이 훨씬 쉬워졌거든. 다음 여행이라는 목적이 있으니까."

"제 서핑보드랑 똑같네요."

"그렇지. 꽤 비슷하지."

나는 고개를 끄덕이고는 잘게 자른 재료들을 그릇에 넣고 에마에게 건넸다.

"자, 우리의 섞기 전문가. 섞을 준비가 됐습니까?"

"네, 준비됐습니다!"

에마는 숟가락을 쥐더니 엄청나게 빠른 속도로 그릇 속 재료들을 젓기 시작했다. 그 바람에 재료들이 그릇 밖으로 마구 튀어나갔다. 나는 폭소를 터뜨렸다.

"자, 우리 재료들은 그릇 안에 지켜줄까?"

에마도 웃음을 터뜨리고는 천천히 저었다. 그러곤 숟가락을 들어 올리며 외쳤다.

"요리 준비 완료!"

# 어른이 되면 잊게 되는 것

케이시는 제시카를 물끄러미 바라보며 말했다.

"그네 이야기 해줘서 고마워요."

그리고 잠시 후 다시 말을 이어갔다.

"놀이터에 다시 가볼 때가 된 것 같은데요."

제시카는 고개를 저었다.

"아뇨. 저는 돌아가지 않아요. 절대. 다시는 안 갈 거예요."

케이시는 고개를 끄덕였다.

"정말 물리적으로 다시 그 놀이터나 사람들에게 돌아가라는 게 아니에요. 당신만의 놀이터로 돌아갈 때가 된 것 같다는 얘기예요."

제시카는 테이블 맞은편에 앉은 케이시를 바라보았다.

"그게 무슨 뜻이에요?"

"아까 에마가 얼마나 활기찬 아이인지 보고 감탄하셨죠? 어떻게 저렇게 에너지가 넘치는지. 사실 우리 모두에게도 내면에 그런 활력이 있어요. 그저 까먹은 것뿐이죠. 우리는 우리의 놀이터를 닫아버린 거예요."

제시카는 여전히 혼란스러워하는 모습이었다.

"이렇게 한번 생각해 봐요."

케이시가 다시 입을 열었다.

"아이들은 자기가 좋아하고 싫어하는 것에 대해 타고난 감각이 있어요. 미끄럼틀 타는 걸 좋아하지만 암벽 타는 건 싫어할 수도 있고, 그네는 좋아하지만 철봉은 싫어할 수도 있죠. 아이들은 그냥 알아요. 그리고 아이들 세상에서는 좋아하면? 그냥 하고, 싫어하면? 그냥 안 하면 되는데, 그게 너무나 완벽하고 자연스러운 일이에요."

"자기가 좋아하는 게 뭔지 알고, 또 그게 어떻게 변하는지만 안다면."

제시카가 말했다. 케이시가 말을 이어갔다.

"바로 그거예요. 혹은 어릴 때는 자기가 좋아하는 걸 알지만 어른이 되면서 변하는 것일 뿐인지도 몰라요."

제시카가 케이시를 올려다보았다. 무언가가 심금을 울린 듯했다. 그녀는 팔을 옆으로 올리더니 살짝 흔들기 시작했다.

"그게 뭐예요?"

케이시가 물었다.

"아, 아무것도 아니에요. 미안해요. 이건 그냥……."

"뭔데요?"

"음, 방금 그 말을 들었을 때, 그러니까 어릴 때는 자기가 좋아하는 걸 알지만 어른이 되면서 변하는 것일 뿐인지도 모른다고했을 때…… 소름이 돋았어요. 그것뿐이에요. 아무것도 아니에요……. 진짜요."

"아무것도 아닌 게 아니라 그게 중요한 거죠. 마음속에서 스스로 말하고 있는 것일지도 몰라요. '야, 우리 방금 엄청나게 중요한 걸 깨달았다'라고요."

제시카는 대답하지 않았다.

"어린 시절에는 자기가 무엇을 좋아하는지 잘 알잖아요. 어떤 놀이터가 나한테 즐거움을 주는지, 어디서 놀면 신나는지요. 그리고 매일 좋아하는 걸 최대한 많이 하면서 즐기죠."

"자라면서는 어떻게 되나요?"

"그건 아이마다 달라요. 어떤 아이들은 자신만의 놀이터를 열어둬요. 나이가 들면서 놀이터에서 타는 기구가 달라질 수도 있죠. 하지만 평생을 그렇게 즐기며 보낼 수 있다는 생각을 결코 놓지는 않아요."

"그렇지 못한 아이들은요?"

"대다수의 사람이 바로 그렇지 못한 범주에 속하죠."

"그 사람들은 어떻게 되는데요?"

"음, 다시 한번 말하지만, 사람마다 사정이 다 달라요. 어떤 사람들은 세상에 휘둘려서 이제 더 이상 놀 수 없다고 생각해요. 그래야 어른이 된다고 생각하는 경우도 있고요. 그들의 세계는 '해야 한다', '해야만 한다', '할 수 없다', '할 수 없을 것 같다', '꼭 해야 한다'로 가득 차버려요. 그렇게 나를 가두는 수많은 단어에 그대로 얽매여 살지요. 심지어 때로는 그쪽으로 가도록 스스로 선택하기도 해요."

"그럼 그 놀이터에는 어떤 일이 일어나나요?"

"시간이 지날수록 사용 빈도수가 낮아지죠. 그럼 잡초가 자라 무성해질 거예요. 놀이기구는 그런 잡초에 묻혀 더 이상 보이지 않아요. 어떨 때는, 놀이터 주변에 담장을 쌓는 경우도 있어요."

"담장이요?"

"네. 난 너무 늙었어, 난 모자란 사람이야, 난 머리가 나빠, 난 시간이 없어 등등. 이 모든 것이 그들을 놀이터로부터 분리시키는 담장이에요. 그런저런 담이 많죠. 시간이 지나면서 담장 높이도 올라가요. 식물들이 자라기 시작해 줄기가 담장을 타고 올라오죠. 그래서 담장은 덩굴에 완전히 가려지고, 사람들이 그곳에 담장이 있었다는 사실조차 기억하지 못하게 되어 담장 뒤의 놀이터는 완전히 버려져요."

케이시는 제시카를 바라보았다.

"가끔 어떤 사람들은 놀이터를 잠가버리기도 해요."

제시카는 시선을 돌렸다.

"그들은 종종 과거로부터 할 수 있는 한 가장 멀리 도망가길 원해요. 놀이터가 있었다는 것, 그리고 꿈이 있었다는 기억 자체가 고통이니까요. 놀이터 주변에 담장을 쌓을 뿐만 아니라, 어느 날 입구로 가서 아주 큰 자물쇠를 거는 거예요. 그러고는 이렇게 말하죠. '더 이상은 안 돼.' '다시는 믿지 않을 거야. 다시는 거기서 놀지 않을 거야.'"

"그 사람들에게는 어떤 일이 일어나죠?"

제시카는 눈물이 나오려는 걸 겨우 참으며 속삭이듯 물었다.

"어떤 경우에는, 슬픔과 분노에 휩싸이게 돼요. 분노, 실망, 믿고 싶지만 스스로를 믿지 못하는 데 따른 스트레스의 먹이가 되어버려요. 그건 그들이 매일 견뎌야 하는 독이 되죠. 더 이상 상처받지 않기 위해 세상으로 향하는 문을 닫아버리는 거예요. 하지만 결국 그건 스스로를 다치게 할 뿐이에요."

제시카는 흐느끼기 시작했다. 그녀의 어깨가 들썩거렸다.

"어떻게 해야 할지 모르겠어요."

그녀가 말했다. 이제 모든 가식은 사라졌다. 옷, 겉모습, 차 등등. 내면의 고통을 덮고 있는 외면의 장식들은 더 이상 의미가 없었다.

"저는 오래전에 제 놀이터에 자물쇠를 걸어 잠갔어요. 그리고 절대로 다시 상처받지 않겠다고 다짐했어요. 근데 이제 그 담장을 높이 올리는 것에 지쳤어요. 매번 도망가는 것에 지쳤어요. 제가 원하는 건 그저……."

그녀는 망설였다.

"자유?"

케이시가 상냥하게 물었다.

"네……. 하지만 저는 자유를 얻는 방법을 몰라요."

제시카는 고개를 끄덕이며 속삭이듯 말했다. 케이시는 그녀를 지그시 바라보았다.

"사람들 대부분은 자유를 얻기 위한 단기적인 시도로 고통을 덮으려고 노력해요. 술을 마시죠. 약물에 기대기도 해요. 또 소중하지 않은 것들을 쇼핑하러 다녀요. 일상에서 막장 드라마를 찍듯이 살아요. 살아 있는 걸 느끼고 자유를 원하기 때문에……. 하지만 그 모든 것이 결국 더 많은 고통을 초래할 뿐이에요."

"저도 알아요. 저도 그런 인생을 살았어요. 아니, 여전히 살고 있어요."

제시카가 조용히 대답했다.

"이제 당신은 다른 길을 선택하는 사람이 될 거예요."

"어떤 길이요?"

"어떤 사람들은 담장을 유지하는 것에 지쳤어요. 놀이터를 볼 수 없어서 지친 거죠. 그리고 자유를 얻기 위한 단기적인 시도를 하다 오히려 담장만 높아져 좌절감이 깊어져요. 그래서 어느 날 그들은 아주 큰, 가장 큰 도약을 하기로 결심해요. 그들만의 놀이터를 다시 만들기를 결정하는 거예요."

"그게 가능해요?"

케이시는 고개를 끄덕였다.

"가능하고말고요. 나이에 상관없이, 현재 상황이 어떻건 가능해요."

제시카는 잠시 아무 말 없이 앉아 있었다. 그러다 케이시를 보고 말했다.

"어떻게 시작하면 돼요?"

"천천히. 부드럽게. 또는 지나가는 길은 모조리 부숴버리는 불도저처럼. 사람마다 달라요. 그건 본인의 선택에 달렸어요. 공통점은 놀이터의 자물쇠를 끊어버리기로 결심했다는 거예요. 그게 첫 단계죠. 스스로 다시 놀이터에 들어가도록 허락하는 것.

그러고 나서 담장에서 덩굴을 하나씩 하나씩 제거할 거예요. 그러면 담장의 실제 모습을 볼 수 있게 돼요. 당신을 안전하게 보호하기 위한 장벽이 아니라, 그날 이후 당신을 가둬버린 당신이 만든 거짓된 현실들을요. 종종, 담장의 실체를 보게 되는 그 순간 담장 자체가 사라져요."

"상상이 안 돼요."

제시카가 말했다.

"알아요. 하지만 사실이에요. 일단 담장이 사라지면, 놀이터와 나의 연결고리를 볼 수 있게 될 거예요. 그러면 무성한 잡초와 덤불을 잘라내게 되죠. 내가 어렸을 때 무얼 좋아했는지 깨닫게 될 거예요. 이제는 놀이터 안에 있는 게 예전처럼 다 좋지는 않을 수도 있어요. 혹은 여전히 좋아하지만, 다른 방식으로 원할 수도 있어요. 그러면 다시 짓기 시작하는 거예요. 새로운 공간, 새로운 놀이터를요."

"새로운 인생."

제시카가 말했다. 케이시는 고개를 끄덕였다.

"근데 그게 가능하다고 어떻게 확신해요?"

케이시는 자리에서 일어나 접시를 한데 모았다. 그러곤 제시카를 쳐다보았다.

"왜냐하면 제가 그 모든 단계를 거쳐왔거든요. 제 삶에서 숨고 도망가기에 지치고, 괜찮은 척하는 것에 지친 순간이 왔었죠. 그래서 그날 저는 자물쇠를 끊어버리고 제 놀이터를 새로 지었어요."

# 우리에겐 '누군가'가 필요하다

나는 창밖을 내다보았다. 케이시와 제시카가 테이블에서 막 일어나는 게 눈에 들어왔다. 조금 전에 보았을 때 심각한 대화를 나누고 있다는 걸 진작에 알아차렸다. '세상 끝의 카페에 오신 것을 환영합니다.' 나는 속으로 생각했다.

"팬케이크를 뒤집을 시간이에요."

에마가 말했다.

"그래, 내가 할게."

나는 뒤집개를 팬케이크 아래로 밀어 넣었다.

"거의 다 됐네. 이쪽 1분만 구우면 에마랑 아빠랑 먹을 수 있겠다."

"제 오믈렛은요?"

솔직히 말하자면, 나는 에마가 오믈렛은 까먹었으면 하고 바랐다. 에마를 쳐다보며 말했다.

"에마, 미안해. 아저씨 오믈렛은 만들 줄 몰라."

"그래도 이미 재료들을 다 썰었잖아요."

나는 고개를 끄덕였다.

"맞아, 나도 알지. 거기까지만 할 줄 알아. 오믈렛을 만드는 방법은 몰라."

"괜찮아요."

나는 안도의 한숨을 속으로 작게 내쉬었다. 에마가 그다지 실망하지 않아서 다행이었다.

"아저씨한테는 그 '누군가'가 필요한 거예요."

에마가 말했다.

"그 뭐라고?"

에마는 낄낄거리며 웃었다.

"누군가요!"

나는 팬케이크를 다시 뒤집어 접시에 담았고, 에마는 아까 내가 썰어놓았던 과일을 그 위에 올렸다.

"어떻게 해야 할지 모르겠으면, 그걸 할 줄 아는 사람을 찾아서 도움을 청하면 되죠. 그럼 그 사람들이 어떻게 하는지 보여줄 거고, 그럼 아저씨도 어떻게 하는지 배우는 거예요. 엄청 쉬워요. 저도 그런 식으로 다 배웠어요."

나는 미소 지었다. 대부분의 사람이 지닌 가장 큰 장벽 하나를 몇 초 안에 간단하게 부숴버리는 일곱 살 꼬마 소녀라니.

"그런 건 누가 알려줬어?"

"아빠가요."

"아빠가 바로 그 '누군가'야?"

에마는 힘차게 고개를 끄덕였다.

"네, 아빠는 많은 걸 알아요. 서핑도 아빠가 가르쳐줬어요."

"정말? 서핑에서 배운 것 중에 가장 중요한 게 뭐야?"

에마는 엉덩이에 손을 올리곤 작게 포즈를 취했다.

"물에 들어가지 않으면 서핑하는 법을 절대 배울 수 없다."

나는 웃었다.

"그렇지. 완전 맞는 말이야."

그때 마이크가 주방에 들어왔다.

"아침은 잘 되어갑니까?"

"아빠! 존 아저씨는 '누군가'가 필요해. 아저씨한테 오믈렛 만드는 방법 보여줄 수 있어?"

"에마가 제게 '어떻게' 해야 할지 모를 때는 '누군가'를 찾으면 된다고 가르쳐줬어요."

나는 미소를 지으며 말했다.

"에마가 아주 잘하는 거죠."

마이크는 프라이팬을 쥐었다.

"좋아, 아주 쉬워요……."

마이크가 오믈렛 만드는 방법을 보여주고 있을 때, 케이시가 들어왔다. 그녀는 마이크의 어깨에 손을 얹고 말했다.

"여기 냄새가 아주 좋은데요."

"팬케이크와 프렌치토스트를 만들었어요. 그리고 아빠가 존 아저씨에게 오믈렛을 만드는 방법을 가르쳐주고 있어요."

에마가 대답했다. 케이시는 들고 있던 접시들을 싱크대에 두었다.

"제시카는 어때요?"

내가 물었다.

"제 생각엔 가서 함께해 주시면 좋을 것 같아요."

케이시가 대답했다. 나는 어깨 너머로 그녀를 돌아보았다.

"그래요? 둘이 꽤 심각한 대화를 하고 있는 것 같았는데."

"맞아요. 이제는 존이랑 대화를 하면 좋을 듯해요. 제시카한테 그쪽 이야기가 도움이 될 것 같거든요."

"가보세요. 이건 제가 마무리할게요. 거의 다 됐어요."

마이크가 말했다.

"좋습니다."

나는 살짝 머뭇거리며 대답했다. 확신이 서지 않았다. 아깐 직감이 시키는 대로 나가서 이야기를 나눴지만, 지금은 갑자기 그런 통찰력 같은 게 번쩍이는 것은 아니었다.

"가보면 생길 거예요."

케이시가 나에게 수건을 던지며 말했다. 나는 손을 닦고 다시 그녀에게 수건을 던져주었다.

"에마, 조금 이따가 우리 서핑 이야기 계속할까? 서핑에서 뭘 배웠는지 더 듣고 싶네."

내가 말했다. 에마는 나를 한번 올려다보더니 시럽 통을 집어 들어 팬케이크에 뿌리기 시작했다.

"시럽 볼케이노!"

"좋다는 신호로 해석할게."

"맞아요."

에마는 웃으며 대답했다.

나는 제시카가 앉아 있는 쪽으로 다가갔다. 그녀는 바다를 바라보고 있었다.

"아침 식사는 어떠셨어요?"

울고 있었는지 제시카는 눈물을 닦았다.

"전형적인 카페는 아니죠?"

나는 고개를 끄덕이며 말했다. 그녀는 볼 위로 흐른 눈물을 닦아내고 미소를 지으며 나를 올려다보았다.

"네. 완전요."

"괜찮아요?"

"괜찮은 것 같아요."

그녀는 다시 바다를 바라보며 대답했다.

"앉아도 될까요?"

"그럼요."

그녀는 대답하고는 반대편 의자를 가리켰다. 나는 미끄러지듯 의자에 앉았다.

"여기는 도대체 뭐 하는 곳이에요?"

잠시 후 그녀는 카페를 돌아보며 물었다.

"인생을 평생 바꿔줄지도 모르는 이상하고, 좀 특별한 작은 공간이에요."

"그 설명 딱이네요."

그녀는 대답을 하고 미소를 지어 보였다. 그러곤 잠시 아무 말도 하지 않았다.

"그쪽은 누구세요?"

그녀가 물었다.

"무슨 뜻이에요?"

"제 말은 케이시가 이곳 주인은 마이크라고 했거든요. 에마는 요리도 마이크란 사람이 거의 다 한다고 했고요. 그럼 당신은 누구예요? 여기 직원 맞아요?"

나는 미소를 지었다.

"음…… 오늘은 직원인 걸로 하죠."

그녀는 헷갈리는 표정으로 나를 바라보았다.

"그럼 제 소개를 할게요. 긴 버전으로 할까요, 간단한 버전으로 할까요?"

내가 물었다.

"일단 시작해 보는 건 어때요. 그러면 제가 필요하다 싶을 때 자세한 설명을 부탁할게요."

그녀가 대답했다.

"좋아요."

나는 잠깐 생각할 시간을 가졌다. 어디서부터 시작해야 할까. 얼마나 거슬러 올라가야 하나.

"한 10년 전쯤에 처음 왔어요. 이 카페 말이에요."

난 이 카페가 전엔 다른 곳에 있었는데 이제는 여기 하와이에 와 있더라 같은 말은 하지 않았다. 그것도 10년이 흘렀는데 그때 그 모습 그대로더라, 그런 설명은 지금으로서는 의미가 없었다.

"그때 저는 인생을 어찌 살아야 하나 싶었죠."

"무슨 뜻이에요? 불행했다는 말인가요?"

"불행하진 않았어요. 그냥 행복하지 않았던 거죠. '괜찮다'에 갇혀버린 것 같았어요. 직업도 괜찮았고, 직장 이외의 일상생활도 괜찮았고, 인간관계도 괜찮았어요. 그런데 제 안의 무언가가 계속 제게 말을 하고 있었어요. 인생에는 그냥 괜찮은 것 이상의 뭔가가 있어야 한다고요.

그러다가 제가 정말로 진지하게 고민을 하게 된 일련의 일들이 발생했어요."

"어떤 일이요?"

제시카는 나를 바라보며 말했다.

"어느 날 밤 집에 혼자 있는데 전화가 왔어요. 할아버지가 돌아가셨다고. 그때 연세가 여든두 살이었어요."

"저런."

"오래전 일이에요. 중요한 건, 전 할아버지와 그렇게 가까운 사이도 아니었다는 거예요. 저희 부모님은 조부모님과 멀리 떨어져 살았고, 전 할아버지가 어떤 분인지 잘 알지도 못했어요. 그래도 왜인지 할아버지가 돌아가셨다는 소식은 충격이었어요. 전화를 끊은 후, 인생을 돌아봤어요. 그리고 생각했죠. '내가 계속 앞으로 인생을 이렇게 산다면, 이 길로 계속 걸어간다면…….'"

"내가 과연 여든두 살에 행복하게 죽음을 맞이할 수 있을까?"

제시카가 문장을 마무리해 주었다. 나는 고개를 끄덕였다.

"바로 그거예요. 그리고 제 대답은 '아니'였어요. 행복하지 않을 거예요. 그냥 괜찮을 뿐이겠죠. 하지만 흡족하거나 행복하지는 않을 거라는 생각이 들었어요. 그때 기준으로 5년 전 일이 생각났거든요.

막 대학교를 졸업하고 사회생활, 즉 '진짜 세상'에 진입하는 시점이었어요. 제가 살던 곳 인근 도시의 시내에 있는 회사에 입사 면접을 보러 갔어요. 양복을 차려입고, 넥타이도 매고, 셔츠도 다리고, 발이 꽉 죄는 불편한 정장 구두도 신었어요. 그리고 새로 산 컴퓨터 가방을 들고 도시로 가는 열차를 탔어요. 그전까진 기차를 한 번도 타본 적이 없었어요. 그리고 기차에서 내렸을 때, 제가 실수로 잘못된 방향을 향했는데 나중에 보니 그게 정확히 올바른 방향이었어요."

"그게 무슨 말이에요?"

제시카가 물었다.

"기차에서 내려서 몸을 돌렸을 때, 같이 내린 수많은 사람이 출구 쪽으로 가는 것이 보였어요. 수천 명이 출근하는 길이었어요. 나이 든 사람, 중년층, 그리고 저와 비슷한 연령대의 사회 초년생. 그렇게 수많은 사람에게는 공통점이 있었죠."

"무슨 공통점이요?"

"아무도 웃고 있는 사람이 없었어요. 한 사람도요."

제시카는 고개를 끄덕였다.

"그날, 그렇게 불행해 보이는 사람들을 보고, 나는 절대 저렇게 되지는 않겠다고 맹세했어요. 내 인생이 그렇게 되도록 내버려두진 않겠다고. 나는 다르게 살겠다고"

제시카는 고개를 끄덕였다.

"그래서 다르게 살았나요?"

나는 고개를 저었다.

"아니요. 할아버지가 돌아가셨다는 전화를 받은 날 밤에 깨달았어요. 5년 전에 이미 다르게 살아보리라 맹세해 놓고, 5년 동안 일에만 몰두했고, 제 삶이 크게 달라지지 않다는 것을요."

"그래서 어떻게 했어요?"

"모든 것을 뒤로하고 잠시 여행을 떠나기로 결정했어요. 그런데 여행길에 오른 첫날 밤, 아주 이상하게 일이 꼬이면서 완전히 길을 잃고 말았죠. 그리고 그 와중에 맛있는 음식, 좋은 사람들, 그리고 메뉴에 아주 특이한 질문들이 적혀 있는 카페를 만나게 되었어요."

"이곳을 발견하신 거네요."

제시카가 대답했다.

"그렇죠."

"그리고요?"

"그 카페에서 사람들과 이야기를 나누면서 밤을 지새웠어요. 마이크, 케이시, 그리고 그곳에 있던 또 한 여자분……. 먼저 그 사람들 이야기를 듣고 나서 제 상황을 말했죠."

"처음 보는 사람들과 그런 대화를 나누면 이상하지 않아요?"

나는 어깨를 으쓱했다.

"네. 아니요. 아마도…… 저는 '그냥 괜찮은' 정도의 상황에 더 이상 만족하지 못하는 지점에 있었나 봐요. 덕분에 초면인 사람들에게도 좀 더 마음을 열 수 있었던 것 같아요."

나는 웃으며 말했다.

"그리고 이제는 처음 만나는 사람들과도 대화를 잘해요. 일단 시작하고 나면, 그리 이상하거나 어색하지 않아요."

제시카가 고개를 끄덕였다.

"그리고 어떻게 됐어요?"

"그날 밤 이후 제 인생이 바뀌었어요. 전엔 절대 몰랐던 것을 알게 되었어요. 그리고 완전히 새로운 시선으로 세상을 바라보기 시작했어요. '그저 괜찮은' 것보다는 좋은 인생을 잠깐 들여다봤으니까요. 그래서 그런 인생을 살기로 결정했어요."

"그래서 이제 만족스러운 인생을 살고 있나요?"

나는 고개를 끄덕였다.

"네."

# 나에게만 특별한 놀이터

마이크는 프렌치토스트를 한입 베어 먹고는 파티오 쪽을 고개로 가리키며 말했다.

"존과 제시카가 친해진 것 같네."

에마는 주스를 한 입 쪽 빨았다.

"존 아저씨 재밌어요. 친절하고."

케이시는 에마의 머리를 쓰다듬었다.

"제시카 아줌마도 좋은 분이야."

"아까 저 아줌마는 왜 울고 있었어요?"

"노는 법을 잊어버렸대."

케이시가 대답했다.

"네가 기억나도록 도와줘야겠는걸? 우리 딸 노는 거 잘하잖아."

마이크가 에마에게 말했다.

"아줌마는 뭘 하고 노는 걸 좋아해요?"

"나도 잘 모르겠어. 아줌마 스스로도 모르는 것 같아. 예전엔 그네 타고 노는 걸 좋아했다고 하긴 했는데."

케이시가 말했다.

"석호 근처에 있는 그네에 같이 가면 되겠다. 거기 그네 완전 멋지거든요. 꼬았다가 풀면 엄청 빨리 빙글빙글 돌아요."

"좋은 생각이네. 제시카도 좋아할 것 같아."

마이크가 미소를 지으며 말했다.

"지금 가도 돼요?"

"아침 다 먹고 케이시 아줌마랑 같이 가면 어떨까? 아빠는 존 아저씨랑 여기 남아서 주방 정리하고 있을게."

"알겠어요."

에마는 팬케이크를 몇 입 더 베어 먹었다.

"아빠, 궁금한 게 있어요."

"뭔데?"

"어떻게 노는 법을 잊어버릴 수 있지?"

마이크는 다시 한번 웃었다. 그는 항상 어린아이들이 정보를 처리하는 방식에 경외심을 갖고 있었다. 아이들은 물어보고, 듣고, 생각한다. 그리고 이해하지 못했을 때는 완벽히 이해할 때까지 계속 질문한다.

"제시카 아줌마는 말이야, 그렇게 좋은 가정환경에서 자란 것 같지 않아. 아빠처럼 노는 즐거움에 대해 가르쳐준 사람이 없었던 거지."

케이시가 대답했다. 잠시 생각에 잠긴 에마가 말했다.

"슬프다."

"슬프지."

케이시가 대답했다.

"제시카 아줌마가 다시 기억해 낼 수 있을까요?"

에마가 물었다.

"아마 가능하지 않을까? 이건 장난감이 침대 밑에 떨어진 걸 잊어버리고 오랫동안 가지고 놀지 않는 것과 같아. 장난감을 다시 찾아서 놀면, 기억이 돌아오지 않을까? 그 장난감이 얼마나 재미있었는지 생각도 나고."

케이시는 웃으며 말했다.

"제 돌고래 인형이랑도 그런 적이 있어요. 걔 이름은 돌피예요. 돌피를 잃어버렸었는데, 온 방을 다 뒤져봐도 없는 거예요. 너무 슬펐어요. 그러다 시간이 지나 돌피를 아예 까먹고 있었는데, 방에 페인트칠을 새로 한다고 짐을 다 옮기면서 찾았어요. 돌피는 온종일 제 옷장 뒤에 숨어 있었던 거예요! 이제는 다시 돌피랑 많이 놀아요."

에마는 신나서 대답했다.

"그거랑 아주 비슷해. 아마 제시카 아줌마도 다시 그네를 타다 보면, 노는 게 얼마나 재미있는 일이었는지 기억나겠지?"

케이시는 미소를 지으며 말했다.

"이야~ 저랑 돌피처럼요!"

에마가 신이 나서 말했다.

나는 제시카와 계속 대화를 나누고 있었다.

"그래서 어땠어요?"

그녀는 음료를 마시며 물었다.

"뭐가요?"

"다른 인생을 살기로 한 거요."

나는 미소를 지었다.

"강력하게 추천해요. 특히 인생이 그냥 괜찮기는 한데 그것보다는 나은 인생을 원한다면요."

제시카도 미소로 화답했다.

"근데 왜 이곳에 또 온 거예요? 왜 지금이에요? 모든 걸 다 해결했잖아요. 그렇죠? 그저 괜찮은 걸 넘어섰잖아요."

나는 고개를 끄덕이고는 어깨를 으쓱했다.

"네. 분명히 그저 괜찮은 것 이상의 인생을 살고 있죠. 이번에 또 여길 오게 된 이유는 잘 모르겠어요. 아마 더 배우기 위해? 아니면 내가 이미 배운 것을 다른 사람과 공유하기 위해?"

"저와 공유해 주시겠어요?"

"그럼요. 알고 싶은 게 뭔데요?"

나는 미소 지으며 답했다.

"케이시가 조금 전 제 세상을 뒤흔들어 놨어요."

제시카는 몸을 살짝 앞으로 숙이며 말했다.

"그쪽이 뭔가 감정에 복받친 모습이던데. 왜 그런 거예요?"

제시카는 케이시와 나눈 이야기를 해주며 놀이터에 관한 언급을 했다.

"케이시가 그 이야기를 하는데 왠지 모르게 마음이 흔들렸어요."

"아마 자신의 인생이랑 연관되어 있기 때문 아닐까요."

나는 제시카의 얼굴에 슬픔이 스치는 걸 보았다.

"지난번 이곳을 다녀간 뒤로 지금까지 깨달은 것 하나만 말해 주세요."

그녀가 말했고, 나는 웃었다.

"하나만요?"

"하나부터 시작해요."

나는 잠시 생각했다.

"또 다른 기차 이야기는 어때요?"

"좋아요. 또 다른 기차 이야기."

그녀는 웃으며 말했다.

"그때 처음 이 카페를 다녀간 뒤로 저는 이전의 인생으로 돌아가고 싶지 않았어요. 하지만 똑 부러지게 어떤 삶을 살고 싶은지도 잘 몰랐어요."

나는 메뉴판을 내려다보았다.

"그때 제 메뉴판에 있는 질문은 좀 달랐어요. 사람에 따라 질문이 다른 것 같아요."

제시카는 고개를 끄덕였다.

"케이시가 조금 아까 이야기해 주었어요. 그땐 무슨 말인지 정확히 알아듣지 못했지만."

"좋아요. 통념적으로 생각하면 이해가 잘 안될 수도 있겠지만, 그냥 같이 하나씩 봅시다. 제 메뉴의 첫 번째 질문은 '당신은 왜 여기 있습니까?'였어요."

"제 메뉴에도 같은 질문이 있어요. 저는 이게 무슨 의미인지 잘 모르겠어요."

"저도 처음 이 카페에 들어왔을 때는 잘 몰랐어요. 하지만 시간이 지나면서 분명해졌죠. '왜 이 카페에 왔느냐', 혹은 '왜 하와이에 왔느냐'를 묻는 게 아니라는 거요. 이 질문은 왜 존재하는가에 대해 묻고 있어요. 왜 살아 있는가? 당신의 존재 목적은 무엇인가를 묻고 있는 거죠."

"그리고 놀이터에 관한 질문은 생뚱맞다고 생각했어요."

제시카는 의자에 기대앉아 말했다.

"맞아요. 하지만 일단 질문에 대해 곰곰이 생각하면서 스며들기 시작하면 그리 생뚱맞지도 않아요. 나 스스로에게 '나는 왜 이곳에 왔는가?'라고 자문했을 때, 그에 대한 답을 하는 것 자체가 매일 내가 무엇을 해야 하는지를 알려주는 좋은 안내자 역할을 하니까요."

"무슨 뜻이에요?"

"제 인생이 제겐 버거웠거든요. 모든 걸 다 포용할 수가 없었어요."

"그래서 기차를 타신 거네요?"

"네. 일하러 가려고요. 저는 항상 그 첫 번째 질문에 대해 생각했어요. 특히 일하러 갈 때요. 그리고 하루는 열차에서 어떤 남자를 만났어요. 출근길 열차에서 우연히요."

나는 웃으며 대답했다.

"그런데요?"

"그 사람은 행복해 보였어요. 진심으로요. 정말 행복해 보였어요. 그래서 제가 물었죠. '정신 나간 소리처럼 들릴 수 있겠지만, 정말 행복해 보이시네요. 비결이 무엇입니까?'라고요."

제시카는 웃었다.

"정말 그랬어요?"

나는 고개를 끄덕였다.

"그랬더니 뭐라고 하던가요?"

"먼저 제 인생에 대해서 물어보더군요. 제게 무슨 일이 있었는지 물었어요. 그래서 저는 카페에 갔던 일에 대해 말하고, 그저 괜찮은 것보다 더 나은 삶을 원한다고 이야기했어요."

"카페 이야기를 했을 때 이상한 눈으로 보지 않던가요?"

나는 고개를 저었다.

"아뇨. 제 생각에 그 남자는 모든 게 자연스러운 마음의 공간에서 사는 사람 같았어요. 그 사람이 가장 필요로 할 때 나타나야 할 사람들이 제때 나타나는 그런 사람. 제가 카페에서 겪은 일을 이야기하자 그냥 알아듣더라고요."

"그리고요?"

"제게 두 가지를 말해줬는데, 완전히 깜짝 놀랐어요. 첫 번째는, 세계를 여행하며 다양한 걸 가르치면서 살고 있다는 거예요. 그 이야기가 완전히 제 마음을 사로잡았죠. 저는 항상 세계여행을 하고 싶었는데, 그걸 했다는 사람을 한 번도 본 적이 없었거든요. 그리고 그 사람의 인생도 저랑 비슷했던 시기가 있었다고 말해줬어요. 인생에서 내가 하고 싶은 게 뭔지 찾기 위해 방황하는 시간이요."

"어떻게 찾았대요?"

"제가 볼 땐, 좋은 친구가 많이 도와줬던 것 같아요. 토마스라고 하는 친구가 인생에서 가장 중요한 것 다섯 가지를 생각해 보라고 했대요. 죽기 전에 꼭 하고 싶은 것, 보고 싶은 것, 그리고 경험하고 싶은 것을요. 그리고 거기에 시간과 에너지를 쏟아부으면 나머지는 저절로 따라온다고요. 그 남자는 그걸 '인생에서 가장 중요한 다섯 가지'라고 불렀어요.

그는 인생의 목적을 파악한다는 생각이 너무 거창하게 생각되면, 작게 쪼개서 다섯 가지부터 시작하라고 했어요. 그렇게 하다 보면, 나 스스로에 대해 알게 될 거라고요. 스스로를 더 알게 되면, 삶의 목적이 분명하게 보일 거라고요."

"아직도 그분이랑 연락하고 지내세요?"

나는 미소를 지었다.

"아뇨. 그래서 더 이상하다는 거예요. 그 열차에서 한 번 만난 게 전부였어요. 제가 정말로 필요할 때 자기 생각을 공유하고 떠난 거죠. 그리고 다시는 못 만났어요. 이제 제 기억 속에 그 사람은 그저 '조'라는 이름으로 남아 있어요."

"그분의 조언대로 했나요?"

"네. 제가 하고 싶은 다섯 가지 중 하나가 여행이었어요. 그래서 2년간 돈을 모아서 세계여행을 떠났죠. 너무 좋았어요. 정말 너무 좋아서 그 후로는 1년 여행하고, 1년 일하고 이렇게 살고 있어요."

"여행을 마친 후, 이번에는 일을 구하지 못하면 어쩌지 이런 걱정은 안 했어요?"

"처음엔 걱정했어요. 하지만 지금은 아니에요. 대부분의 사람이 자기가 하는 일을 그다지 좋아하지 않아요. 좋아하지 않으니까 일을 제대로 해내지도 못하죠. 반대로, 내가 하는 일을 좋아하고 최선을 다해서 모든 걸 걸고 열심히 하면 눈에 띄고, 그러면 사람들은 그런 사람과 일하고 싶어 해요."

"1년밖에 안 되더라도요?"

"음, 처음엔 1년만 하고 그만둘 거라고 미리 말하지 않았어요. 그래도 지금은, 그때 일했던 회사에서 계속해서 저를 채용하고 있어요. 제가 일을 잘하는 걸 아니까, 돌아오길 기다리는 거죠."

나는 어깨를 으쓱했다.

"어떤 회사든 진행해야 할 프로젝트가 한두 개쯤은 있어요. 그걸 진행할 내부 인력은 없는데 그 프로젝트 때문에 누군가를 고용하긴 꺼려요. 그래서 이젠 제가 최선을 다해 프로젝트를 완료해 주지만 정규 직원으로 고용되길 원하지 않는다는 걸 오히려 좋아해요."

"평생 그렇게 사실 거예요? 1년 동안 일하고, 1년 동안 여행하고?"

"저도 모르겠어요. 일단 지금까지는 잘 돌아가고 있어요. 처음엔 아주 힘들었어요. 짐들을 어떻게 할지, 여행하며 집이 비어 있는 동안 청구서를 어떻게 처리해야 할지 등등. 한데 일단 한번 해 보고 나면, 아주 쉬워요. 언젠가 이런 삶이 싫증 나면, 그만둘 거예요. 일단 지금까지는……."

"그냥 괜찮은 것보단 훨씬 나아요?"

제시카가 물었다.

"네. 아주 많이."

나는 웃으며 대답했다. 제시카는 바다 쪽으로 시선을 돌렸다.

"무슨 생각, 하세요?"

"그렇게 사는 게 아주 쉬운 것처럼 얘기하시네요."

"어렵지 않아요."

"당신에게나 그렇겠죠."

"모두에게 그래요."

"하지만 가족이 있다면요? 그냥 그렇게 무작정 떠날 수가 없 잖아요."

"가족이 있어요?"

"아뇨."

"그럼 왜 그런 걱정을 해요?"

"그냥요. 그냥 모두가 그렇게 떠날 수는 없다는 소리예요."

"근데 왜 당신이 그걸 신경 쓰죠?"

그녀는 잠시 머뭇거렸다.

"저도 모르겠어요."

나는 미소 지었다.

"모든 사람에게 이게 효과가 있을까? 없을까? 이런 걸 분석하며 나의 삶에 대한 답을 찾기에는 인생이 너무 짧아요. 그 분석은 제시카와 제시카의 상황으로 제한하면 어떨까요? 이렇게 살기 시작하면서 저는 저처럼 사는 사람을 아주 많이 만났어요. 대부분의 사람이 그런 사람들을 만날 기회가 없거나 그들의 이야기를 들어보지 못한 것뿐이죠. 하루 종일 직장에 앉아 있으니까 그럴 기회가 없는 거예요. 일단 여행을 시작하고 나서야 가능한 것임을 알게 돼요. 저도 모든 걸 그렇게 알게 되었어요. 시작하기 전까지는 모든 게 새롭고 이상하게 느껴질 거예요. 다른 삶을 살 수 있는 유일한 방법은……."

"시작하는 거죠."

제시카가 끼어들었다.

"정확해요. 그러면 더 이상 생소하거나 이상해 보이지 않아요. 게다가, 그런 인생에 대해 알고 있는 사람들을 많이 만나게 되죠. 춤을 배우고 싶은데 야구장에 가면 안 돼요. 야구를 배우고 싶은데 댄스 스튜디오에 가면 안 되듯이."

제시카가 웃으며 말했다.

"그쪽이 배운 건 뭔데요?"

나는 잠시 생각에 잠겼다.

"놀이터에 대해서 이야기했었죠?"

"그랬죠."

"내 놀이터에서 살아야 한다는 걸 배웠어요."

"그게 무슨 뜻이에요?"

"결혼을 하고, 자녀를 낳고, 큰 마당이 있는 집에 사는 게 당신의 놀이터인가요? 그 생각은 은행 광고에서 심어준 게 아닐까요? 친구들과 컨버터블을 타고 라디오에서 나오는 노래를 따라 부르며 해변으로 가는 게 당신의 놀이터인가요? 그건 당신이 봤던 자동차 광고의 렌즈를 통한 삶이 아닌가요?"

나는 미소 지으며 말했다.

"당신의 놀이터는 당신에게 특별한 것이어야 의미가 있지 않을까요? 다른 사람의 꿈으로 내 인생이 충만해질 수는 없어요. 나만의 잣대가 있어야 해요. 진정으로 내가 원하는 것은 무엇이고 얼마나 채워졌는지 아나요?"

# 인생 최고의 경험

"마음에 드세요, 제시카 아줌마?"

에마가 물었다. 에마와 제시카와 케이시는 카페에서 멀지 않은 동굴 안에 있었다.

"정말 멋지다."

제시카가 대답했다. 세 사람은 아주 커다란 열대 나무로 둘러싸인 작은 길을 따라 걸어갔다. 그리고 작고 아름다운 석호의 끝자락에 있는 그네를 탔다. 하와이의 아름다운 향기가 공기 중에 가득했고, 사방이 온통 꽃동산이었다.

섬의 끝자락에 자리한 이곳은 하와이 대부분의 해변을 구성하는 검은 화산암들이 파도에 침식되어 열대 낙원 안에 또 다른 열대 낙원을 이루고 있었다.

석호는 아주 깨끗한 바닷물로 채워져 있어 그 안에서 헤엄치는 열대어들이 훤히 보였고, 사람보다도 커다란 깊은 초록색 잎들이 석호를 둘러싸고 있었다. 그리고 석호의 테두리를 장식하는 검은색 화산암까지…… 온전히 한 장의 사진이었다.

"여긴 제가 그네 타기 가장 좋아하는 장소예요."

에마는 그네에 배를 깔고 그네 끈을 빙빙 돌려 꼬며 말했다.

"이거 봐요."

에마가 땅에서 발을 떼자, 꼬였던 그넷줄이 풀리면서 빙글빙글 돌았다. 에마가 제시카에게 말했다.

"아줌마도 해보세요. 진짜 재밌어요. 몇 번 해보면 그렇게 무섭지도 않아요."

제시카가 웃었다.

"진짜 재미있어 보이긴 하네."

"한번 해보세요."

"글쎄, 내가 잘할 수 있을지 모르겠네……."

"일단 그냥 한번 해보세요."

에마는 끈질기게 제시카를 부추겼다.

제시카는 잠시 망설이는 듯하더니, "좋아"라며 에마가 했던 것처럼 자세를 잡았다.

"그냥 엄청 조여질 때까지 돌아요. 그리고 발을 떼면 돼요."

제시카는 그 말대로 따라 했다. 그리고 땅에서 발을 떼자 에마처럼 빙빙 돌았다.

"해냈어요! 제가 할 수 있을 거라고 했잖아요."

에마가 신이 나서 말했다.

"네가 잘 가르쳐준 덕분이야."

제시카는 일어나서 미소를 짓고, 다시 그네에 앉았다.

"음, 케이시 아줌마가 그랬어요. 아줌마도 그네 타는 걸 좋아하셨는데 그걸 까먹었다고……. 그래서 제가 기억나도록 도와드린 거예요."

제시카는 다시 한번 웃었다.

"고마워."

"어, 저기 소피아다."

에마가 석호 쪽을 가리키며 소리쳤다. 에마 또래의 꼬마 소녀가 패들보드를 타고 석호를 가로질러 다가오고 있었다.

"소피아! 소피아!"

에마가 소리 지르며 손을 흔들었다. 패들보드에 있던 소녀는 에마의 목소리를 듣고 똑같이 손을 흔들어 인사를 했다.

"저는 소피아랑 저쪽에서 놀게요."

에마는 이렇게 말한 뒤 물가를 향해 뛰어갔다. 가다가 어깨 너머 뒤쪽으로 바라보며 소리를 질렀다.

"여기도 다시 올게요. 여기, 저기 있을게요."

"그래."

케이시가 대답했다.

"괜찮을까요?"

제시카가 물었다.

"네. 저 둘 다 이 석호 구석구석을 다 알고 있거든요. 가끔 쟤네들이 반은 물고기 아니면 거북이 같다니까요."

"근데 '여기, 저기에 있겠다'는 게 무슨 뜻이에요?"

"에마가 마이크랑 약속했거든요. 친구들과 모험하며 돌아다니는 대신, 돌아다닐 장소들을 아빠에게 모두 말해주기로요."

"그래도 맘대로 다니면 위험하지 않아요?"

"아뇨. 사실 그 반대예요. 마이크는 에마가 아주 어릴 때부터 그렇게 했어요. 에마가 어떤 장소에 가든지 아빠의 시야권에 에마가 있고 무슨 일이 있을 때 즉각 아빠가 에마에게 갈 수 있으면 된다고 말했죠. 그는 에마에게 본능과 직관을 믿으라고 가르쳤어요. 아주 좋은 훈련이죠. 그렇게 해서, 에마는 아주 정교하게 조정된 내부 지도 시스템을 가지게 되었어요. 그리고 그게 탐험을 할 때 에마를 지켜줘요."

"그래도……."

"무슨 일이 일어나기 전에 그걸 미리 알 수 있다면, 그래도 세상이 위험해 보일까요?"

제시카는 멈칫했다.

"에마에게 그런 능력이 있다고 말씀하시는 거예요?"

"모두에게 그런 능력이 있어요. 에마는 아주 어릴 때부터 그 능력을 사용하는 법을 배워서 제2의 천성이 된 거죠. 대부분의 경우 살면서 너무 일찍 그걸 잊어버려요. 저렇게 제2의 천성으로 키우는 대신, 그냥 추측을 하거나 사후 판단을 하죠."

"그렇군요."

케이시는 제시카가 여전히 반신반의하고 있다는 걸 느낄 수 있었다.

"당신도 오늘 당신의 능력을 썼잖아요."

제시카의 얼굴에는 물음표가 가득했다.

"오늘 합리적인 이유가 없었는데도 이 카페에 들어왔잖아요. 아마 무언가가 당신을 이끌었겠죠. 어떤 방식이든, 어떤 형태로 든, 내 안에 있는 내부 안내 시스템이 힌트를 준 거예요. 여기에 들어가는 게 맞다고."

"그걸 어떻게 알았어요?"

케이시는 석호를 바라보며 미소 지었다.

"다들 그런 식으로 이 카페에 오거든요."

"아주 대단한 딸을 두셨어요, 마이크."

마이크와 나는 주방을 정리하고 있었다. 마이크는 웃으며 말했다.

"고마워요. 아주 멋진 아이죠."

"아이를 키우는 건 어떤 거예요?"

마이크는 들고 있던 접시를 내려놓았다.

"제 인생에서 가장 잘한 일이에요."

나는 미소를 지었다.

"가장 잘한 일이라고 강조하시네요."

"사실 모든 사람에게 맞는 건 아닐 거예요. 세상 사람 모두 부모가 되고 싶어 하는 건 아니니까요. 만약 부모가 되고 싶다면, 그건 아주 즐거운 일이고 또한 큰 책임이 따르는 일이에요. 만약 부모가 되고 싶지 않다면, 그건 아주 고된 일이고 또한 큰 책임이 따르는 일이에요."

"그런 말 처음 들어봐요."

그는 웃으며 말했다.

"왜냐하면, 아이는 일단 생기면, 되돌릴 수가 없거든요."

"그래서 모두를 위한 게 아니라고 한 거군요."

"네. 또 아이가 있다고, 혹은 없다고 해서 더 나은 사람이라거나 모자란 사람이라는 뜻도 아니고요. 그저 모두에게 부모가 되는 일이 잘 맞는 것은 아니라는 거죠."

"어떤 점에서 그쪽에게는 맞는 것 같아요?"

"에마가 생겼을 때, 나는 이미 세상에서 가장 까다로운 사람을 돌봐온 상태였어요."

"그게 누군데요?"

나는 웃으며 물었다.

"저요."

"네?"

"부모가 된다는 건 많은 것을 아이에게 준다는 걸 의미해요. 그런데 사람들은 그렇게 묘사하지 않죠. 광고를 보면 아주 사랑스러운 아기가 부모의 어깨에 기대어 안겨 있죠. 혹은 풋풋하고 활짝 웃고 있는 부모 사이에서 아기가 아주 귀여운 짓을 하면서, 가족의 완벽한 모습을 보여주기도 하고요. 광고는 부모가 받는 걸 보여주죠. 아기가 부모에게 주는 사랑을 말이에요."

"근데 그게 아니란 소리예요?"

"가끔은 그렇기도 하죠. 하지만 대부분은 부모가 줘야 해요. 기저귀를 갈거나, 옷을 입히거나, 요리를 하거나, 울 때 달래주거나, 잠을 재우거나, 내가 알고 있는 것들을 가르쳐야 하니까요. 특히나 아이가 어릴수록 부모는 대부분 아이에게 주는 입장이 되죠."

그는 잠시 말을 멈추었다 다시 이어나갔다.

"많은 사람이 뭔가를 받기 위해서 아이를 낳죠. 그런데 아이를 키우다 보면 환상이 깨져요."

"그쪽은요?"

"글쎄, 아까 말했듯이, 에마가 세상에 나왔을 때 난 이미 어느 정도 나를 겪어보고 나 스스로를 돌본 뒤였어요. 가보고 싶은 곳에도 가고, 보고 싶은 것도 보고 모험도 해봤고요. 아이에게 줄 준비가 되어 있었어요."

"받는 건 없나요?"

"수도 없죠. 하루도 빠짐없이 매일 있어요. 사소한 거라도요. 에마가 태어나기 전까지는 단 한 번도 기저귀를 갈아본 적이 없었어요. 어떻게 하는지 몰랐고, 잘할 자신도 없었어요. 그런데 에마가 내 품에 왔고, 이 아주 작고 꼬물꼬물한 아가가 내 도움을 필요로 하네요. 혼자서는 아무것도 할 수 없는 그런 존재니까 내가 돌봐야 해요. 근데 그러면 기분이 좋아져요. 그게 바로 받는 거지요."

나는 미소를 지었다.

"기저귀 가는 것에 그렇게 큰 즐거움이 따르는 줄 몰랐어요. 사실, 한 번도 갈아본 적이 없지만요."

마이크는 고개를 끄덕였다.

"준비가 잘되어 있으면, 아이가 왔을 때 아이를 선물로 받아들일 수 있어요. 아이들은 내가 도움이 될 기회를 만들어주는 작은 인간이에요. 기저귀를 간다는 건 단순히 책임져야 하기 때문에 하는 행동이 아니라, 선물을 받을 기회인 거죠."

마이크는 웃었다.

"아이가 아주 작을 때는 그 선물을 하루에 열 번은 줘요."

"그렇게 주면 받을 수 있다는 거죠?"

"그렇죠. 도움을 주면 기쁨이 따라오죠. 한데 준비가 안 되어 있는 사람들도 있어요. 그런 사람들은 먼저 받고 싶어 해요. 받고 나서 주려 하죠. 하지만 부모가 되려면 그 반대로 해야 해요."

"그리고 인생 최고의 경험이라고 했잖아요?"

마이크는 고개를 끄덕였다.

"내게는 그랬어요."

그는 설거지한 그릇을 닦던 마른행주를 걸었다.

"매일 주어진 시간은 한정되어 있어요, 존. 아이가 세상에 나오기 전에 사람들은 대부분 미친 듯이 바쁘게 살아요. 그런데 아이가 세상에 나오면 우선 아이에게 집중하고, 내가 가진 것을 줘야 해요. 그 무엇보다 아이들에게 필요한 건 시간과 사랑과 관심이니까."

마이크는 잠시 말을 멈추었다가 이어갔다.

"지난번 여기 왔을 때 기억나요? PFE?"

"당연하죠. Purpose for Existing, 존재의 목적. 제시카랑 그 얘기도 했어요."

"좋아요. 존재의 목적을 깨달았는데 그 목적을 달성하기 위해 끊임없이 계속 바쁘게 일하며 살아야 한다면……."

그는 잠시 말을 멈추었다.

"하루하루가 일만으로도 바쁘게 흘러갈 거예요. 그러면 아이를 위한 시간을 어떻게 내고, 사랑과 관심을 어떻게 주겠어요?"

"아마 그 존재의 목적에 부모가 되는 것은 없겠죠."

내가 말했다.

"맞아요. 아니면 지금 당장은 아닌 걸 수도 있고요. 따라서 무슨 죄책감 같은 걸 느끼거나 친구나 가족, 사회에서 압박을 해서도 안 돼요. 그들은 존재의 목적을 본인의 방식으로 충족하며 살고 있는 거니까요. 이 카페에 왔던 손님 중에도 아이를 원하는 사람이 많았어요. 아이가 생기면 본인의 인생이 '충만'해질 거라고 생각하는 거죠. 그건 미신이에요. 왜냐하면 아이를 가진다는 건 인생의 한 부분을 채우는 것일 뿐, 인생 전체를 전부 충만하게 해주지는 못하거든요. 자식이 생긴다고 많은 사람에게 영감을 주거나, 발명품을 고안해 내거나, 사업을 크게 성장시킬 수 있는 건 아니니까요.

내 말의 요점은 사람은 각각 다 다르고, 특별하다는 거예요. 존재의 목적에 부모가 되는 것과 그에 수반하는 모든 것이 포함될 수도 있고, 그렇지 않을 수도 있어요. 그리고 그 어느 쪽이건 상관없고요."

"하지만 세상은 그렇게 흘러가지 않는 것 같아요. 바깥세상 말이에요."

"알아요. 특히 여성에게 그렇죠. 하지만 실제로 아이를 갖는다는 게 정말 엄청난 평화와 안도감과 행복으로 가는 열쇠이기만 하다면, 평화롭고 만족하고 행복한 어른들이 훨씬 많았겠지요."

"그런데 마이크는 그게 정말 인생 최고의 경험이라고 했잖아요."

"왜냐하면 내 존재의 목적에는 아이가 있었거든요. 그리고 에마에게 내 감정의 탱크를 채워달라고 하지 않고, 내가 에마를 위해 모든 걸 할 준비가 되어 있는 시점에 에마가 왔거든요."

# 도망치는 삶

"같이 잘 노는데요."

제시카가 에마와 소피아를 가리키며 말했다.

"항상 저래요. 둘이 아주 비슷한 놀이터를 가지고 있고, 그 안에서 함께 노는 걸 아주 좋아해요."

케이시가 대답했다.

"무슨 뜻이에요?"

"좋아하는 게 같아요. 둘 다 물을 미치도록 좋아해요. 동물을 사랑하고. 스노클링, 패들보딩, 서핑 이런 걸 하기 위해 살아요."

"그리고 조수 웅덩이 확인하는 것도요."

제시카가 한마디 덧붙였다.

"맞아요."

케이시가 미소를 지으며 말했다. 잠시 침묵이 흘렀다.

"나도 한때 그런 친구가 있었어요."

제시카가 마침내 입을 열었다.

"어렸을 때요?"

"열두 살 때요. 애슐리 제신스라는 친구가 제가 살던 동네로 이사를 왔어요. 우리는 친해져서 모든 걸 함께 했죠."

"여전히 연락하고 지내요?"

제시카는 고개를 저었다.

"아뇨. 집을 나오기로 결심했을 때, 제가 뛸 수 있는 한 가장 빨리 그리고 가장 멀리 도망쳤거든요."

"아직도 도망치는 중인가요?"

제시카는 그네를 세웠다.

"무슨 의미예요?"

"여전히 도망치고 있냐고요."

제시카는 잠시 생각에 잠겼다.

"저도 모르겠어요. 저는 더 이상 그때 그 아이가 아닌데. 직장도 있고 내 나름의 삶도 있고……."

"그게 더 이상 도망치지 않는다는 뜻은 아니죠. 상황이 나빠지면, 우린 도망쳐요. 마구 달리죠. 그것도 용기가 필요해요. 원하지 않는 상황에서 벗어나는 것. 특히 매일같이 상처를 받는 곳이라면…… 그건 용감해야 가능해요."

제시카는 고개를 끄덕였다.

"한데 가끔 우리는 무엇으로부터 도망가는 것에만 익숙해지기도 해요. 무언가를 향해 달려가야 하는데 그걸 까먹죠."

"무슨 말인지 모르겠어요."

"당신은 이미 고향에서 멀리 떠나왔어요. 당신이 도망쳐 온 그 삶은 아주 오래전의 삶이에요. 하지만 여전히 당신의 삶에서 큰 부분을 차지하고 있죠. 그렇지 않나요? 당신이 하는 일, 당신의 생각…… 당신은 여전히 그것으로부터 도망치려고 노력하고 있어요."

제시카의 얼굴에서 눈물이 또르르 떨어졌다.

"당신은 몰라요. 정말 끔찍했어요."

그녀는 눈물을 훔쳤지만 그 자리로 더 많은 눈물방울이 쏟아질 뿐이었다.

"정말 최악이었다고요."

케이시는 고개를 끄덕였다.

"하지만 지금은 그렇지 않잖아요."

그녀는 손을 뻗어 제시카를 다독이며 말했다.

"어쩌면 이젠 그 삶에서 도망치는 데 너무 많은 시간과 에너지와 감정을 쏟는 것을 그만둘 때가 된 걸지도 몰라요. 대신 당신이 스스로 만드는 삶을 창조하는 데 시간과 에너지를 써보세요."

케이시는 제시카의 손을 놓고 말했다.

"직업이 있죠?"

제시카는 고개를 끄덕였다.

"아주 멋진 차, 굉장히 비싼 옷, 최신형 휴대폰을 가지고 있잖아요……. 내가 무슨 시험을 하려는 건 아니고 순전히 궁금해서 물어보는 건데…… 왜죠?"

제시카는 그녀만 탈 뿐 선뜻 답을 하지 못했다.

"뭐 잘못된 게 있다는 의미는 아니에요. 자동차, 옷, 휴대폰 모두 아주 멋져요. 그저 저런 것을 소유하고 있는 이유를 묻는 거예요."

케이시가 말했다. 제시카는 한참을 머뭇거리다 입을 열었다.

"내가 속한다고 증명하고 싶어서요."

"어디에 속하는데요?"

제시카는 고개를 저으며 자신도 모르게 웃었다.

"저도 모르겠어요. 그냥 사람들이 예전의 제 모습, 제가 어디서 왔는지 그걸 모르게 하고 싶어요. 나를 들키는 게 싫어서인 것 같아요."

케이시는 고개를 끄덕였다.

"당신의 진짜 모습은 무엇인가요?"

"무슨 뜻이죠?"

"어떤 사람들은 차를 사랑해요. 그들은 새 차에 앉는 느낌을 무척 좋아하죠. 액셀을 밟을 때 엔진의 윙윙거리는 소리와 공학 자체를 사랑해요. 디자인의 대칭성과 자동차의 미적인 아름다움을 높이 평가해요. 그쪽도 그런가요?"

제시카는 고개를 저었다.

"아뇨."

"어떤 사람들은 옷을 사랑해요. 그들은 새로운 스타일에 열광하고 디자이너들의 독창성을 동경해요. 그들은 각각의 옷을 두고 그 독창성이나 특별한 감성을 구별할 수 있어요. 특정 옷을 입으면 기분이 좋아지고 그 자체를 사랑하죠. 그런 쪽이신가요?"

제시카는 고개를 저었다.

"아뇨."

케이시는 미소를 지었다.

"때때로 사람들은 자기도 모르는 사이에 세상에 우리를 증명하려 노력해요. 처음에는 사람들이 나를 좋아해 주거나, 나라는 사람을 알아봐 주거나, 나의 가치를 인정해 주길 원하는 것에서부터 시작하죠. 그러다가 어떤 시점에서 우리는 진실을 깨달아요. 우리가 진정으로 원하지도 않는 곳에 속하려고 기를 쓰고 노력하고 있다는 걸요.

우리가 무엇보다도 진정으로 원하는 건, 내가 나 스스로에게 소속감을 느끼고 받아들여지는 거예요. 맞아요, 우린 인정받고 싶어 해요. 하지만 우리 마음 깊은 곳에서는, 타인이 우리가 특별하다고 말해주길 기다리고 있는 게 아니에요. 우리가 특별하다는 걸 스스로가 인정하기를 원하죠. 그리고 그렇게 하면, 타인이 나를 인정해 줄 필요가 없어져요. 우리는 우리가 모두 특별한 존재라는 걸 스스로 깨달아야 해요."

제시카는 고개를 끄덕였다.

"무엇 때문에 이곳으로 왔나요? 하와이로요."

케이시가 물었다.

"서핑을 배우고 싶었어요."

"정말요?"

제시카는 고개를 끄덕였다.

"전에 서퍼에 관한 영화를 본 적이 있어요. 그 영화에서 어떤 서퍼가 파도를 타면 무한한 자유를 느낀다고 하더라고요. 그리고 서핑을 하고 있으면, 온 세상이 사라지는 것 같대요. 오직 파도, 서핑보드, 그리고 그런 조화로운 느낌, 이것만 남고 다른 모든 것은 사라진다고……."

그녀는 어깨를 으쓱했다.

"저 바보 같죠."

"서핑할 줄 아세요?"

제시카는 고개를 저었다.

"아니요. 여기 처음 도착하고 보니, 모든 게 너무 비싸서 우선 렌트비와 식료품비를 벌기 위해 바로 일자리를 구했어요. 그래도 부족해서 야간에 하는 일도 구했어요. 그리고…… 모르겠어요. 어느 순간 바보 같이, 이게 뭔가 싶더라고요."

"서핑이요?"

"그냥 다요. 자유나 조화로움에 관한 그런 모든 것이요……."

"여전히 경제적으로 쪼들리세요?"

제시카는 또 고개를 저었다.

"아뇨. 그러니까 제 말은, 부자는 아니지만 가난하지도 않아
요."

케이시는 미소를 지었다.

"전 아직 잘 모르겠어요. 당신은 누구죠?"

제시카도 미소로 화답하며 말했다.

"무슨 말이에요?"

"글쎄요, 지금 당신은 맞지 않는 옷을 입고 있잖아요. 맞지 않
는 차를 타고요. 그 힘든 가정에서 도망친 어린아이가 아니잖아
요. 이곳에 처음 왔던 가난한 여자아이도 아니잖아요. 그러면 당
신은 누구죠?"

제시카의 얼굴에서 미소가 사라졌다.

"저도 모르겠어요."

케이시는 고개를 끄덕였다.

"그래서 아직도 도망을 치고 있는 거예요. 이젠, 원하는 곳을
향해 달려가야 해요."

# 우주가 작동하는 방식

마이크와 나는 여전히 주방 청소를 하며 수다를 떨고 있었다. 그는 웃으며 말했다.

"우리 육아 이야기는 많이 했는데, 요즘 뭐 새로운 소식은 없어요?"

"아, 없어요. 나는…… 나는…….."

나는 웃으며 말했다.

"사실 나도 잘 모르겠어요. 최근 몇 년간 너무 좋았거든요. 정말 행복했어요. 처음 이곳을 발견한 게 행운이었어요. 덕분에 내 인생이 바뀌었으니까. 고맙다고 말하고 싶어요."

마이크는 고개를 끄덕였다.

"내가 다시 이곳에 오게 된 이유를 모르겠어요."

"뭘까요?"

"모르겠어요. 내가 더 배워야 할 다른 것이 있거나, 성장해야 할 영역이 있나……."

"아니면 이번엔 누군가를 가르쳐주기 위해 온 것일 수도?"

마이크가 미소를 지으며 대답했다.

"제시카?"

"그럴 수도요. 혹은 케이시나, 에마나, 아니면 나."

"내가 가르쳐줄 수 있는 게 있을지 모르겠는데요."

나는 웃으며 말했다.

"그건 모르는 거죠. 지난번 이곳에 다녀간 뒤로 놀라운 인생을 살았잖아요. 그동안 아주 많은 걸 배웠을 것 같은데."

나는 고개를 끄덕였다.

"맞아요. 그리고 이렇게 사는 게 훨씬 편하고 좋아요. 큰 그림에서 나의 역할도 알 것 같고. 하지만……."

"하지만, 내가 감히 뭐라고 함부로……?"

마이크가 말했다. 나는 어깨를 으쓱했다.

"비슷해요."

"존, 첫 단계는 스스로를 믿고, 충분히 편해지는 건데 존재의 목적을 분명히 이해하고 그걸 실현하기 시작하잖아요. 그러니 이미 그 단계를 해낸 거죠. 아니 이미 뛰어넘었어요.

어느 시점에서, 그 길을 걷는 모든 사람은 깨닫게 돼요. 우리

성장의 대부분은 다른 사람과 영감을 주고받는 순간을 통해 이루어진다는 걸. 누군가는 내가 절대 잊지 못할 말을 해주기도 하고, 누군가는 평생 기억하고 활용하게 될 개념을 가르쳐주기도 하죠.

그런 과정에서 존재의 목적에 맞게 매일 매 순간을 살면 살수록, 더 많은 사람이 나에게 끌린다는 걸 알게 될 거예요. 거짓으로 꾸며낼 수 없는 에너지로 빛나기 때문에 그 진실성과 명쾌함에 주변 사람들이 저도 모르게 끌리는 거예요.

어느 순간에는, 그냥 무심코 대화를 나누다가 또는 친구와 이야기를 하다가 내가 깨달은 것을 다른 사람과 공유할 수도 있고, 그로 인해 내 인생이 그렇게 바뀐 것처럼 다른 사람의 삶을 변화시키는 모습도 보게 되지요.

그리고 그 순간에, 가장 진정한 깨달음을 얻게 되죠. 즉, 내가 감히 어떻게 누구를 가르치고, 누구와 공유하고, 변화를 이끌어가고, 사업을 시작하고, 세상을 여행하고, 사랑에 빠지고, 노래를 쓰고, 또는 다른 꿈을 꾸느냐를 걱정하기보다, 오히려 그렇게 안 할 이유가 없다는 걸 알게 되는 거죠."

"운전할 때 GPS 사용해 본 적 있어요? 자동으로 나의 위치를 파악하고, 가고 싶은 곳을 입력하면 아주 친절한 목소리로 안내해 주는 거요."

케이시는 제시카를 향해 웃으며 물었다.

"네."

제시카는 자신도 모르게 웃으며 대답했다.

"저는 그게 우주의 섭리라는 걸 알았어요."

"네?"

"인생을 살면서 여러 가지 선택과 결정을 하게 되잖아요. 이것저것 해보지 않나요? 왼쪽으로 갔다가, 오른쪽으로 꺾고. 뺑뺑 원을 그리며 가는 거죠."

케이시는 웃으며 말했다. 제시카도 웃었다. 케이시가 제시카를 바라보며 말을 이었다.

"그리고 때때로, 궤도를 너무 많이 벗어나서 아무도 나를 다시 찾을 수 없을 것처럼 느껴질 때도 있어요. 무슨 뜻인지 아시죠?"

제시카가 고개를 끄덕였다.

"근데 GPS를 생각해 봐요. 우리가 아무리 똑같은 실수를 반복하며 뺑뺑 돌아도, GPS 목소리가 오른쪽으로 가라고 할 때 왼쪽으로 가도, 그 목소리는 절대 뭐라고 하지 않고 말하잖아요. '경로를 재탐색합니다.' 그리고 목적지에 도달하기 위해 필요한 모든 것을 해주죠."

"그렇죠."

제시카는 웃으며 말했다.

"그렇죠. 우주도 똑같은 방식으로 움직여요."

케이시는 그네를 세우고 제시카를 바라보았다.

"당신이 이곳에 온 것은 무언가 중요한 이유가 있어서일 거예요. 당신의 인생은 실수도 아니고, 사고도 아니고, 우연의 일치도 아니에요. 당신의 인생에는 목적이 있어요. 그 목적이 없었다면 이곳에 오지도 않았을 거예요. 때로는 완전히 길을 잃어 탈출구가 보이지 않는 것처럼 느껴질 수도 있지만, 항상 도움의 손길이 다가와요."

케이시의 이야기에는 핵심을 건드리는 무언가가 있었다. 제시카가 나지막한 목소리로 이야기를 시작했다.

"가끔 지도에서 아주 먼 곳으로 떨어져 나온 듯한 느낌을 받았던 적이 있어요. 지금도 그래요. 수많은 날을 저는 길을 잃은 것 같은 느낌으로 살아왔어요."

"우주 GPS를 호출할 시간이네요. 신이라는 단어를 좋아하세요?"

케이시는 미소를 지었다. 그녀는 제시카를 보며 말했다.

"제가 신이라는 단어를 좋아하냐고요?"

제시카의 얼굴엔 물음표가 가득했다.

"네."

"글쎄요. 왜요?"

"어떤 사람들은 그 단어를 좋아하거든요. 우주라는 단어보다도 더 좋아해요."

"그게 중요한가요?"

"당신에게 달렸어요. 우리가 대화하는 동안, 저는 우주라고 할 게요. 일반적인 단어니까. 나중에 생각해 보시고 마음에 드는 단어를 고르셔도 돼요. 선택지는 아주 많거든요. 장소에 따라, 문화 배경에 따라 그리고 사용하는 언어에 따라 모두 다른 단어를 사용해요. 같은 단어일지라도 세월이 지나면서 변형되는 것도 있는데 단어에는 모두 역사가 있어요."

"여러 단어 중에서 더 나은 게 있나요?"

케이시는 미소 지으며 말했다.

"어떤 사람들에게는요."

"그쪽에게는요?"

"우리가 이야기하고 있는 것의 본질은 매우 강력한 존재이고 모든 생명체에 깃들어 있어요. 우리 지구뿐만 아니라 우주의 깊은 곳까지 모든 곳에 존재해요. 현재뿐만이 아니라 먼 옛날에도 존재했고요."

케이시는 미소 지으며 말했다.

"제 생각에는요, 그렇게 강력한 것에 이름을 붙이는 것 자체가 힘든 일인 것 같아요. 그런데 더 중요한 건 그 뒤에 숨은 의도예요."

제시카는 고개를 끄덕였다.

"그 우주 GPS는 어떻게 사용하는 거예요?"

"그것도 사람마다 달라요."

"사람마다?"

"그 사람이 어떻게 길을 잃었느냐에 따라 달라요."

케이시는 석호를 바라보았다.

"카페 메뉴에 있던 첫 번째 질문 기억나요?"

제시카가 고개를 끄덕였다.

"당신은 왜 여기 있습니까?"

케이시는 미소를 지었다.

"네."

그리고 더 말을 잇지 않았다.

"그게 뭔데요?"

"운전용 GPS를 사용할 때 하는 맨 첫 단계가 뭐죠?"

"전원 켜기."

케이시는 웃음을 터뜨렸다.

"그렇죠. 탄생이죠. 그다음은?"

제시카는 잠시 생각하고 말했다.

"GPS가 제 위치를 파악하는 거요."

"항상 파악하고 있겠죠. 그다음은요?"

"가고 싶은 목적지를 입력하는 거요."

케이시가 고개를 끄덕였다.

"'당신은 왜 여기 있습니까?'라는 질문에 대해 스스로 대답하는 거죠. 저희 카페에서는 이걸 존재의 목적이라고 불러요. 내가 세상에 존재하는 목적이요. 그건 우주에 대고 '여기가 내가 가고 싶은 곳이야'라고 말하는 것과 같아요."

제시카는 잠시 생각에 잠겼다.

"너무 거창해요. 제 존재 목적이 뭔지 어떻게 알 수 있죠?"

"검색 옵션을 사용해 봐요."

"무슨 옵션이요?"

"알잖아요. GPS에 검색 옵션이 있잖아요. 내가 가고자 하는 곳을 정확히 모를 때, 테마를 검색해 볼 수 있잖아요. '이탈리안 레스토랑', '재미있는 장소', '국립공원' 등등……."

제시카가 웃었고, 케이시는 미소를 지으며 말을 이어갔다.

"진짜예요. 삶도 같은 방식으로 작용해요."

"알겠는데 모르겠어요."

"좋아요. 운전을 하고 있다고 상상해 봐요. 운전대에 앉아서 꽤 달렸어요. 그렇게 달리다가 운전을 멈춘다면 왜 멈출까요?"

제시카는 잠깐 생각을 했다.

"운전하다 지쳐서?"

"좋아요. 그럼 다음에 뭘 하죠?"

"차를 세우기로 결정하기?"

"맞아요. 근데 바로 그 전에 어떤 일이 일어나죠?"

제시카는 혼란스러워 보였다.

"1분 동안 생각해 봐요. 차를 세우기로 작정하기 직전에 어떤 일이 있어나죠?"

"생각을 하겠지요. 차를 세우고 싶은 이유가 뭔지 생각해요. 그러면 무슨 생각이나 아이디어가 제 머릿속에 떠오를 거예요. 그게 힌트가 될 거고요."

제시카는 신이 난 듯 말했다. 케이시는 고개를 끄덕였다.

"똑같아요. 매일 매 순간, 우린 힌트를 얻게 돼요. 존과 같은 사람은 그게 바로 세계여행인 거죠. 어떤 사람은 그런 덴 전혀 관심이 없거나, 아니면 우리 안의 무언가가 '운전 그만하고 그곳으로 가자! 항상 원했던 거잖아! 지금 가면 되지?'라고 말해요."

"그래서 그게 삶의 주제 또는 특정한 목적지인가요?"

"그건 사람마다 달라요. 그게 확실한 '존재의 목적'이 아닐 수도 있어요. 하지만, 그래도 어쨌든 아주 중요한 거죠."

제시카는 고개를 끄덕였다.

"존이 처음 이곳에 왔을 때, 존재의 목적이라는 개념에 대해 이야기했는데, 처음엔 너무 거창해서 '인생에서 가장 하고 싶은 다섯 가지'를 찾는 것부터 시작했대요. 그렇게 하는 게 개념을 잡기가 훨씬 수월해서요. 그리고 그 다섯 가지를 실행하면서, 존재의 목적이 뚜렷해졌다고 했어요."

케이시가 고개를 끄덕였다.

"어떤 사람들에게는 아주 좋은 출발점이 될 수 있죠."

"그럼 다른 사람들에게는요?"

"어떤 사람들은 선천적으로 목적의식을 가지고 태어나요. 기억이 시작되는 시점부터 이미 알고 있는 거죠."

케이시는 잠시 말을 멈추었다.

"이것도 말해줄게요. 우주 GPS와 운전 GPS가 공유하고 있는 특징이 하나 더 있어요."

"그게 뭔데요?"

"당신을 지켜보는 거요. 그리고 관찰한 바를 바탕으로, 당신에게 무엇을 줄 것인지 결정하고 또는 그 결정을 바꾸기도 해요."

# '아하!' 노트

나는 부엌 구석에 있는 카운터로 가서 내 백팩 가방을 집어 들었다.

"벌써 가려고요?"

마이크는 물으며 미소를 지었다.

"그렇게 안 할 이유가 없다, 까먹기 전에 기록해 두려고요."

나도 그를 따라 미소를 지으며 말했다. 그러고는 가방을 열고 '아하!' 노트를 꺼냈다.

"그건 뭔데요?"

마이크가 물었다.

"이런 순간들이에요."

나는 대답을 하며 노트에 기록했다.

"지난번 카페를 나가면서, 마음속에 여러 가지 생각, 아이디어, 그리고 예지 같은 게 떠올랐어요. 기록해 두지 않으면 까먹을 걸 알고 있었죠. 그래서 다음 날 밤, 그쪽이 말해준 주유소를 발견하자마자 공책을 사서 내 '아하!' 깨달음을 담기 시작했어요."

"그 '아하!'는 어떻게 파악하는 거죠?"

"그냥 알게 돼요. 어떤 말을 들었을 때 그 순간 내 마음이 그쪽으로 움직이면 그게 바로 '아하'인 거죠. 어떨 땐 멋진 정보나 인용구처럼 아주 사소한 것이기도 해요. 대부분은 방금 공유해 준 것 같은 중요한 삶의 지혜죠. 그런 삶의 지혜는 잘 기억하고 적소에 활용하면 내 인생이 좋은 방향으로 바뀔 것 같은 기분이 들게 해요."

"그래서 적는 거군요?"

나는 고개를 끄덕였다.

"그렇게 기록을 한 다음엔 어떻게 해요?"

"자기 직전에 훑어봐요. 아니면 너무 힘든 순간에는 노트를 집어 들고, 아무 페이지나 펼쳐서 읽어요. 그럼 내 중심을 잡아주죠. 영감의 원천이 되기도 하고요."

마이크는 미소를 지었다.

"너무 좋은데요. 보여줄 수 있어요?"

"그럼요."

나는 노트를 마이크에게 건넸다. 그는 공책을 펼쳐서 소리 내어 읽기 시작했다.

"나는 이 순간을 절대 놓칠 수 없다. 단 한 순간도. 이제 내가 이 인생을 살았으니, 평생 내 것이다."

마이크는 미소를 지었다.

"이건 무슨 뜻이죠?"

"처음 여행길에 나선 첫해의 중반 무렵, 어느 날 아침 분명한 자각을 하게 되었어요. 우리가 가지고 있다고 생각하는 많은 것이 허상이라는 걸요. 내가 가지고 있는 소유물은 부서질 수도 있고, 가치를 상실하기도 하며, 누군가 훔쳐 갈 수도 있어요. 하지만 경험은 영원히 간직할 수 있죠. 내 경험은 그 누구도 앗아갈 수 없거든요. 계속 가지고 있기 위해 세금을 낼 필요도 없어요. 집을 보유하면 재산세를 내야 하지만, 경험은 세금도 안 붙어요. 금이나 보석처럼 금고에 넣고 잠글 필요도 없지요. 그냥 내 안에 있으니까요. 그리고 세상 어느 곳에서든 계속 원할 때마다 원하는 만큼 다시 상기할 수 있어요. 방금 읽은 그 '아하!'는 나에게 아주 강력한 인상을 남겼어요. 그 덕분에 내가 번 돈으로 뭘 하고 싶은지에 대한 생각이 많이 바뀌었지요. 소유하는 게 덜 중요해지고 경험이 더 중요해진 거죠."

마이크는 고개를 끄덕였다.

"정말 너무 좋네요. 내가 '아하!'에서 그 대목을 펼치다니 참 재밌는데요. 며칠 전에 우리 고객이 그런 깨달음을 뒷받침해 줄 정보를 몇 가지 공유했어요."

"무슨 정보죠?"

"세상 사람 다섯 명 중 한 명은 정년을 채우지 못한대요."

"그게 무슨 말이죠?"

"인구의 약 20퍼센트 정도는 여든다섯 살도 되기 전에 죽는다는 뜻이에요."

"놀라운데요. 좋지 않은 의미로……. 난 왜 한 번도 그런 말을 못 들어봤죠?"

나는 손을 뻗었다.

"공책 다시 줄래요? 방금 그 정보도 '아하!'로 기록하고 싶어요."

마이크는 미소를 짓고 공책을 다시 돌려주며 말했다.

"은퇴를 위해 저축하고 저축하고 또 저축하면서도 결국 그 혜택을 누리지 못하는 비운의 사람이 인구의 20퍼센트나 되다니 정말……."

"그러게요."

나는 대답했다. 그리고 재빨리 '아하!'를 노트에 옮겨 적고 다시 고개를 들었다.

"그 손님이 또 뭐라고 했나요?"

"한번은 세금 환급금에 대한 주제로 텔레비전 인터뷰 요청을 받았대요. 세금 환급금을 저축해야 하나, 소비해야 하나? 그게 주제였는데 진정한 결정을 하기 위해 계산을 좀 했다더군요."

"그 돈을 저축하는 게 나을까 소비하는 게 나을까를 결정하는 거요?"

"맞아요. '아하!' 순간 덕분에 알고 있겠지만, 소비도 여러 가지 의미를 지닐 수 있지요. 그분은 경험의 관점에서 어떤 의미를 갖는지 예시를 들고 싶어 했어요."

"그래서요?"

"놀라운 결과가 나왔어요. 세금 환급금이 5천 달러라는 가정 하에 분석을 실행했죠. 즉, '5천 달러를 소비할 것인가 아니면 은퇴를 위해 저축할 것인가?'였어요."

"그는 주식시장의 모든 이력 데이터를 전부 취합했어요. 그런 다음 인플레이션을 반영해 조정하고 미래 5천 달러의 실제 가치가 얼마인지를 계산했대요. 질문을 한 고객의 연령이 42세라면, 정년까지 23년이 남았고, 그만큼 돈이 쌓인다는 거지요."

"결과가 어떻게 나왔나요?"

"음, 예상할 수 있듯이, 돈을 저축한다면 금액이 커지겠죠. 은퇴 시점에 쓸 수 있는 돈이 불어나는 거죠."

마이크는 잠시 쉬었다 말을 이어갔다.

"하지만 경험적인 관점에서 봤을 땐, 그럴 가치가 없었어요."

"왜요?"

"음, 그분이 텔레비전 인터뷰에서 설명했듯이 그 금액이면 올해 로키산맥에 가족들과 같이, 즉 아내랑 10대 아이 두 명 모두 같이 여행을 갈 수 있었어요. 가서 등반도 하고, 낚시, 래프팅, 번지점프, 산악자전거 타기 등등 많은 걸 해볼 수 있었겠죠. 멋진 시간이 되고 가족 여행의 추억이 생겼겠죠. 영원히 기억될 '아하!' 순간처럼 영원한 추억 말입니다."

마이크는 잠시 말을 멈추고 물을 마셨다.

"아니면 돈을 모아서 액수가 커지는 쪽을 택할 수도 있어요. 23년 후에는 액수가 커지니까 그때 여행을 갈 수도 있죠."

"하지만 그때가 되면 아이들은 더 이상 10대가 아니죠. 그리고 여행을 떠올릴 때마다 23년 동안 지었을 웃음과 미소도 사라지는 거죠. 마흔두 살에 하는 래프팅, 번지점프는 예순다섯 살에 하는 것보다 훨씬 쉽다는 건 말할 것도 없고요."

내가 말했다.

"최악은 예순다섯 살까지 살지 못하는 다섯 명 중에 낄 수도 있다는 겁니다."

마이크가 덧붙였다.

"미쳤네요. 와. 그런 식으로 생각해 보면, 미래를 위해 현재를 포기하는 게 아주 끔찍한 거래인 것 같은데요."

나는 믿을 수 없다는 표정으로 마이크를 쳐다보았다.

"그분 숫자 계산 잘하는 거 맞죠?"

마이크는 고개를 끄덕였다. 그리고 미소를 머금은 채 말했다.

"네. 세부 설명까지 다 해주셨어요. 그분은 제 카페 손님일 뿐 아니라 제 재무설계사이기도 해요. 숫자에 대해선 천재나 다름없어요."

"아까 그런 얘기를 텔레비전 인터뷰에서 한 거예요?"

"네. 하지만 이게 저축을 하지 말라는 뜻은 아니라고 덧붙였어요. 그분은 최소 6개월에서 1년 정도의 수입은 저축해 두어야 한다고 주장하는 분이에요. 또한 노후를 위해 저축하는 걸 권장해요. 하지만 그가 말했듯이, 인생에서 중요한 의미를 갖는 진정한 결정이 무엇인지는 신중하게 생각해야 해요. 대부분의 사람은 돈을 벌기 위해 일을 하죠. 하지만 원하는 '진정한 수익'을 창출하기 위해서는 뜻있는 투자를 해야 해요. 아까 예시처럼 멋진 가족 여행의 추억을 선사하는 환상적인 3주 휴가에서 얻는 건 아주 특별한 가치가 있죠. 23년 후에 같은 돈으로 두 번을 갈 수 있는 휴가의 기회보다 훨씬 더 중요한 가치를 얻게 되는 투자나 마찬가지예요."

# 우주는 지켜본다

제시카는 혼란스럽다는 듯한 표정으로 케이시를 바라보았다.

"우주와 GPS가 보고 있다고요?"

"네."

"어떻게요?"

"새로운 GPS 기기에는 행동을 분석하는 알고리즘 기술이 내장되어 있어요. 예를 들어서, 내가 목적지로 이탈리안 레스토랑을 자주 가면, 검색을 하지 않아도 이탈리안 레스토랑 목록을 뽑아 보여주는 방식으로요. 이탈리안 레스토랑이 아니더라도 국립공원, 폭포, 쇼핑몰 등 뭐든지요. 내가 어디에 돈과 시간을 쓰는지 감시하고 거기에 더 많은 시간을 쓰도록 기회를 줘요."

"그리고 우주도 그렇다는 말이죠?"

제시카가 물었다.

"맞아요. 우주는 그저 듣지만은 않아요. 지켜보죠."

"그 의미는?"

케이시가 미소 지으며 말했다.

"그 의미는 다른 삶을 원한다고 말하면서, 즉 더 많은 자유와 좀 더 즐거운 환경 등을 원한다고 말하면서 실제로는 일주일에 40에서 50시간을 종 부리듯 하는 사장을 위해 작은 책상에서 일하는 것이라고 해볼게요."

"GPS처럼, 우주도 그 사람이 좋아하는 것처럼 보이는 것을 더 주려고 한다는 거군요."

제시카가 말했다.

"정확해요. 마치 우주가 '와, 저 사람이 얼마나 자주 그곳에서 시간을 보내는지 보세요. 틀림없이 그곳을 사랑하나 봐요. 더 많이 줘야겠다'라고 말하는 것 같죠."

케이시의 목소리가 차분히 가라앉았다.

"일을 할 때만 그런 게 아니에요. 우주는 모든 것을 지켜보고 있어요. 우리가 시간과 에너지를 쓰는 인간관계, 우리가 주로 하는 생각의 유형…… 심지어 그 생각들을 추동하는 우리의 경험까지도."

"무슨 양심이라도 품은 것처럼 들리네요."

제시카가 말했다.

케이시는 고개를 저었다.

"그렇게 들릴 수도 있겠네요, 하지만 그렇지 않아요. 그냥 간단한 전제를 깔고 있는 거예요. 우리는 자유의지를 지닌 존재니까요. 우리는 우리가 뭘 할지, 어떻게 할지, 시간을 어디에 쓸지, 누구와 같이 어울릴지 스스로 선택하죠. 우리는 이성적으로 긍정적인 감정을 주는 활동을 선택해요. 즐거움, 사랑, 만족감, 행복, 기쁨 등등.

우주는 사실 악의적이라기보단 아낌없이 주는 나무 같은 존재예요. 우리의 행동, 생각, 의도들을 바탕으로 우리가 원하는 것을 정확히 전달해 줘요."

제시카는 소름이 돋는 듯 살짝 몸서리를 쳤다. 케이시는 이를 놓치지 않았다.

"괜찮아요?"

제시카가 고개를 끄덕였다.

"생각도 못 했어요."

케이시도 고개를 끄덕였다.

"그렇죠? 언제든지 이 놀라운 안내 시스템에 접근할 수 있다는 걸 깨닫는 순간 전율이 느껴질 거예요. 그리고 우리가 아무리 멀리 돌아가고 있어도, 우리를 다시 제자리로 안내해 주죠. 또한 그 안내 시스템이 우리의 안내를 받기도 해요. 우리의 행동에 반응하며 대답을 하니까요. 그건 바로 우리가 그저 무대에 올라간 배우가 아니라는 의미가 돼요. 우리는 감독이기도 한 거죠."

제시카는 케이시를 바라보며 물었다.

"그 시스템과 연결되려면 어떻게 해야 하죠?"

"이미 연결되어 있어요. 계속 이어져 있어서, 연결을 끊을 수도 없어요. 모든 순간은 당신과 안내 시스템의 공동 창작이 되는 거예요. 당신은 당신이 원하는 것을 보여주고, 우주 GPS는 그걸 기반으로 기회를 만들어주죠."

"근데 저는 제 연결이 마음에 안 들어요. 저에게 오는 그런 종류의 기회를 그만 만들어주면 좋겠어요."

케이시는 미소를 보였다.

"그럼 새로운 도착지를 입력해 봐요. 우주 GPS에 이제 나는 새롭게 이걸 선호한다고 알려주세요."

"그렇게 쉬워요?"

케이시는 고개를 끄덕였다.

"그렇게 쉬워요."

제시카는 잠시 생각했다.

"저에게 새로운 기회를 주기까지 얼마나 걸릴까요?"

"당신이 갈망하는 것에 대해 얼마나 명확하게 신호를 주느냐에 달렸어요. 독이 되는 관계에서 벗어나고 싶다고 말하면서 계속해서 그 관계로 돌아간다면, 우주에 보내는 메시지는 '난 더욱 더 독이 되는 관계를 원해'가 되겠죠. 말보다는 행동이에요. 마치 운전용 GPS처럼, 우리는 각자 역사를 만들어왔어요. 처음에는 그 역사가 우리가 다음에 제안받을 내용을 결정해요. 하지만 알고리즘이 우리가 더 이상 이탈리안 레스토랑을 요구하지 않고 대신 중식당을 좋아한다고 이해하면…….”

"이탈리안 레스토랑 대신 중식당을 제안하기 시작하겠죠."

제시카가 말했다.

"정확해요. 내가 원하는 것에 반해 심술을 부리지 않아요. '아, 중식당을 입력했지만 오늘 밤은 이탈리안 레스토랑에서 식사하도록 설득해 볼까?'라고 하는 게 아닌 거죠."

제시카가 웃었다.

"GPS의 어두운 면."

"맞아요. 하지만 실제로 어두운 면은 없어요. GPS는 우리로부터 배워서, 제안하고, 조정할 뿐이에요."

제시카의 눈이 갑자기 커졌다.

"삭제할 수도 있나요?"

케이시는 미소를 지었다.

"무슨 뜻이에요?"

"제 차의 GPS는 검색 기록을 지울 수 있거든요. 제가 입력했던 이탈리안 레스토랑 50군데를 싹 지울 수 있어요. 그런 방식으로 깔끔하게 새로 시작하는 거예요. 제가 이탈리안 레스토랑보다 중식당을 더 선호하는 걸 깨닫게 하려고 중식당을 51개 입력

할 필요가 없어요. 제가 중식당에 한 번만 가도 그 순간, GPS는 제가 이젠 중식당을 선호하는 것처럼 대해요. 그 전 기록을 지워 버렸으니까요."

제시카는 신나서 이야기했고 케이시는 제시카의 눈에서 생기를 느꼈다.

"그렇게 할 수 있어요?"

제시카가 물었다. 케이시는 고개를 끄덕였다.

"좋아요, 제시카. 당신은 방금 우주 GPS의 가장 강력한 부분 중 한 가지를 깨달은 거예요."

제시카는 밝게 미소 지었다.

"완벽해요! 그럼 어떻게 하면 되죠? 어떻게 삭제해요?"

"바뀌면 돼요."

"아뇨. 그저 바꾸고만 싶지 않아요. 제 과거를 아예 삭제해 버리고 싶어요. 제 차의 GPS처럼요."

"그렇게 완벽히 똑같진 않아요, 제시카. 당신의 과거는 과거예요. 그걸 아예 삭제할 수는 없어요."

제시카는 갑자기 매우 슬퍼 보였다.

"그렇게 할 수 있다고 말한 거 아니었어요? 방금 우주 GPS의 가장 강력한 부분 중 한 가지를 깨달았다고 말하지 않았나요?"

# 진실을 숨기는 사람들

나는 노트에 몇 가지를 더 써넣었다.

"멋진 이야기입니다. 그분 아주 재밌는 분 같아요. 한번 만나고 싶네요."

마이크는 고개를 끄덕였다.

"재밌는 사람이죠. 시각이 독특해요. 그 직종의 여느 사람들과는 아주 달라요."

"그분은 진짜배기 같아요. 무언가를 숨기지도 않고, 반대로 있어 보이게 하려고 하지도 않는 것 같아요."

마이크가 고개를 끄덕이며 말했다.

"그게 성공의 비결일 거예요. 그리고 더 행복하게 사는 비결이기도 하고요. 그가 말한 것처럼, '다른 사람들에게 바람직하지 않은 길을 가라고 설득하면서 돈을 번다면 본인 스스로는 행복해지기 어려워요.'"

마이크가 미소를 지었다.

"한 가지가 더 있어요. 아주 센 거."

"뭔데요?"

"잠깐만 생각 좀 정리하고요."

마이크는 잠시 멈추었다.

"좋아요. 투자할 자금이 천 달러 있다고 가정해 봅시다."

"그래요."

"첫해, 50퍼센트 손해가 났어요."

"저런. 맥이 빠지네요."

"하지만 그다음 해에는 50퍼센트 이득을 봐요."

"그건 좋네요."

나는 웃으며 말했다. 마이크도 미소를 지으며 말을 이어갔다.

"2년 동안의 평균 이득은 어떻게 될까요?"

나는 잠시 생각했다.

"보자, 첫해에 50퍼센트 손해를 보고 그다음 해에 50퍼센트 이득을 봤지. 그럼 평균수익률은 0이죠."

"맞아요. 그럼 2년 후에는 얼마가 있는 거죠?"

"천 달러. 수익률이 0퍼센트니까 여전히 천 달러죠."

나는 잠시 멈추었다. 뭔가 맞지 않는 것 같았다. 맞는 것 같기도 하고…….

나는 잠시 후에 말했다.

"와, 천 달러가 아니네요. 천 달러가 안 되죠."

마이크는 고개를 끄덕였다.

"방금 겪은 순간적인 혼란이 내 친구가 공유하는 가장 흥미로운 '아하!'의 근거예요. 맞아요. 천 달러가 아니죠. 천 달러를 투자해서 50퍼센트를 잃었으니까. 그 말인즉슨 얼마가 남았냐면……."

"500달러."

내가 대답했다.

"맞아요. 그리고 거기서 50퍼센트 이득을 봤어요. 그럼 얼마죠?"

"750달러. 끔찍하다. 2년 동안 평균 수익률은 0이었는데 25퍼센트의 손해를 보았네요."

마이크는 고개를 끄덕였다.

"그럼에도 투자에 대한 재무적 수익에 대해 이야기할 때, 사람들은 어떤 수치를 인용할까요?"

"평균 수익률?"

마이크는 다시 고개를 끄덕였다.

"그렇죠. 그 친구는 그 점을 아주 탐탁지 않게 생각해요. 평균 수익률로 수치를 얘기하니까 사람들이 헷갈려 하고, 진정한 수익률을 보지 못하는 거예요. 나쁜 정보를 가지고 있으니 나쁜 선택을 하고, 원하는 삶을 살지 못하게 되는 거죠. 그래서 그 친구는 사람들이 좋은 선택을 하도록 실질적인 수치를 이야기해요. 사람들이 최대한 존재의 목적을 달성하는 데 도움이 되는 결정을 하도록 도와주는 거죠."

나는 고개를 끄덕였다.

"뭐 한 가지 물어봐도 돼요?"

"그럼요."

"평균 수익률이 오해할 만한 숫자라면, 그 친구는 어떤 수치를 쓰죠?"

"CAGR, 복합평균성장률이라는 용어를 써요."

"확 어렵게 느껴지는 용어군요."

나는 말하며 미소를 지었다.

"용어는 그래도 내용은 아주 간단해요. 그저 처음에 투자를 시작할 때의 금액과 마지막 금액을 보면 돼요. 실제 투자수익률이 얼마였죠? 좀 전에 예시로 이미 해봤다고 할 수 있는데."

마이크가 설명했다.

"제가?"

"네. 처음에 천 달러로 시작을 하고, 2년 후 750달러로 끝나서 결국 25퍼센트의 돈을 잃었으니 실수익률은 마이너스 25퍼센트였잖아요."

나는 내 '아하!' 노트에 몇 가지를 더 적었다.

"그래서 내가 진실을 원한다면, 평균수익률 말고 실수익률을 물어봐야 한다는 거죠?"

마이크는 다시 한번 고개를 끄덕였다.

"내 친구 말로는, 실수익률이 진실이고, 평균수익률은 진실을 숨기기 좋은 방법이래요. 진실을 아는 편이 낫죠."

"좀 슬프네요"

내가 말했다.

"뭐가요?"

"사람들이 진실을 숨기고 말하지 않는다는 게요."

"그게 우리가 인생에서 마주하게 되는 엄청난 모험이자 함정이죠. 모든 사람의 도덕적 나침반이 같은 방향을 가리키지는 않아요. 그래서 나와 도덕적 방향이 같은 사람들을 찾고, 그런 사람들로 내 인생을 채워나가야 해요."

# 신나서 쉬는 중

"당신의 과거는 어떤 이유에서든 당신의 과거예요. 과거가 없었다면, 지금 이 순간의 나도 없을 거예요."

케이시가 말했다.

"하지만 전 제 과거가 싫어요."

"괜찮아요. 좋아하지 않아도 돼요. 재현하지 않아도 되고요. 그게 당신을 지금 이 순간까지 오게 하는 역할을 했다고 인정만 하면, 그걸로 충분해요."

케이시는 제시카를 쳐다봤다.

"멀리 떨어져서 바라보면, 모든 것엔 다 의미가 있다는 게 명확해져요. 우주 GPS를 위한 나의 새로운 목적지를 깨닫게 되면, 훨씬 간단해지죠. 목적지가 명확해지면, 당신 과거의 여러 조각이 사실은 새로운 목적지로 가기 위한 준비 과정이었다는 걸 깨닫게 될 거예요. 언제나 항상 길을 잃은 상태는 아니었다는 걸 알 수 있어요. 우주는 모든 순간 당신과 함께였어요. 당신을 돕고, 이끌고, 당신이 존재의 목적을 선택하고 '난 이곳으로 가고 싶어'라고 할 순간을 위해 준비를 해온 거죠."

"그래서 삭제할 필요가 없다는 건가요?"

케이시는 고개를 저었다.

"지울 필요 없어요."

"그럼 그게 그렇게 강력하다고 한 이유는 뭐예요?"

"운전 GPS에서의 삭제는 강력해요. 컴퓨터를 아예 리셋해 버리고 처음부터 다시 시작하잖아요. 인생에서는, 인생의 극적인 변화가 그런 역할을 해요. 그건 재조정을 시작하라는 아주 강력하고 명확한 신호를 우주에 보내요."

"극적인 변화란 게 얼마나 극적인데요?"

"사람마다 달라요. 누군가와의 관계를 끊는 것일 수도 있고 혹은 그 반대일 수도 있고요. 마음을 열고 새로운 사람과 관계를 시작하는 걸 받아들이는 것일 수도 있죠. 변화가 극적일수록, 그리고 새로운 변화의 방향에 더 많은 에너지와 시간을 투자할수록, 보내는 신호는 더 강력하고 명확해져요."

"그럼 재설정이 더 강해지나요?"

제시카가 물었다.

케이시가 고개를 끄덕였다.

"맞아요. 재설정이 더 강해져요. 강렬하고 명확하며 확신에 찬 모습을 보여주면, 우주는 그에 상응하는 방식으로 답을 해줘요."

"상상하기 어렵네요."

"지금 이 순간까지 살아온 인생을 생각해 봐요. 그게 이 모든 걸 이해할 수 있는 가장 간단한 방법이에요. 여러 시점에서 내 삶이 어떻게 변했는지, 혹은 변하지 않았는지 되돌아보면, 이해가 될 거예요."

제시카는 잠시 생각에 깊이 잠기더니 갑자기 벌떡 일어났다.

"괜찮아요?"

케이시가 물었다. 제시카는 고개를 끄덕거리며 미소를 지었다. 케이시가 본 제시카의 미소 중 가장 진실한 미소였다.

"이젠 그냥 '괜찮은' 것보단 훨씬 좋아졌어요. 뭔가 짐을 던 것 같아요. 가벼워요. 뭐랄까…… 모르겠어요. 미친 소리처럼 들릴 수 있겠지만, 날아갈 수도 있을 것같이 느껴져요."

그녀는 에마와 소피아가 놀고 있는 조수 웅덩이 쪽을 바라보더니 신발을 벗어 던졌다.

"금방 올게요."

"어디 가요?"

케이시가 웃으며 물었다. 제시카는 아이들에게 뛰어가기 시작했다.

"에마에게 서핑 좀 배우려고요."

☕

케이시와 제시카, 에마의 웃음소리가 들렸다.

"저쪽에서 아주 좋은 일이 일어나고 있는 것 같은데요. 웃음소리를 들어보니 뭔가 기의 변화가 일어난 것 같습니다."

내가 마이크에게 말했다. 마이크는 고개를 끄덕이고 앉아 있던 의자에서 일어났다.

"서핑보드를 준비하는 게 좋겠어요. 여러 개가 더 필요할 것 같아요."

"누가……?"

내 입에서 질문이 나오기도 전에, 마이크는 이미 문 쪽으로 걸어가고 있었다.

"존 아저씨! 우리랑 같이 안 갈래요?"

에마였다. 에마는 얼굴에 웃음꽃이 핀 채로 달려오고 있었다. 나는 주문창을 통해 밖을 내다보았다.

"안녕, 에마."

"아저씨도 같이 안 가실래요? 서핑하러 갈 거예요. 제시카 아줌마가 가르쳐달래요. 아저씨도 오실 거죠?"

에마가 다시 물었다.

나는 미소를 지었다. 마이크는 어떻게 알았을까?

"그럼. 가고말고. 곧 갈게."

나는 에마에게 말했다.

잠시 후, 제시카와 케이시가 카페 쪽으로 걸어왔다. 기운 변화를 분명하게 느낄 수 있었다. 제시카의 얼굴에는 생기가 돌았다. 미소를 짓다가, 깔깔 웃기도 했으며, 신나 보였다. 지금까지 메고 다니던 짐을 내려놓은 듯, 이제는 공기라도 밟고 다니는 듯 가벼워 보였다.

"그네 타면서 정말 즐거운 시간을 보내셨나 봐요."

카페 쪽으로 걸어오는 두 사람을 보며 내가 말했다. 제시카는 고개를 끄덕이며 웃어주었다.

"인생이 바뀔 만큼 좋았어요."

그녀는 에너지로 가득 차 보였고, 생기발랄하고 기대에 찬 모습이었다. 그리고 선반에 팔을 걸치며 말했다.

"우리 서핑하러 갈 거예요."

처음 들어보는 들뜬 목소리.

"같이 가실까요, 존?"

케이시가 물었다.

"그럼요. 방금 벌써 에마에게는 간다고 말했어요. 그래도 만약 누군가 여기 남아 있어야 한다면, 여기서 카페를 보고 있어도 좋고요."

나는 카페를 훑어보며 덧붙였다.

"그럴 필요 없어요."

케이시가 대답했다. 그녀는 카페 안으로 들어와서 정문을 향해 걸어갔고, 나는 그녀를 뒤따라갔다. 케이시는 현금출납기 밑에서 뭔가를 뒤지는 듯하더니, 줄이 달린 플래카드를 꺼냈다.

"이거지."

케이시가 말했다.

"그게 뭐예요?"

내가 물었다.

"손님이 주고 간 선물이에요."

그녀는 그 플래카드를 뒤집어 나에게 보여주었다. 납작한 직사각형 모양의 나뭇조각 위에 '신나서 쉬는 중. 곧 돌아오겠습니다'라고 적혀 있었다. 케이시는 카페로 들어오려는 사람들이 볼 수 있도록 플래카드를 정문에 걸어두었다.

"신나서 쉬는 중?"

나는 다시 주방으로 걸어오며 물었다.

"너무 멋진 표현 아니에요?"

그녀는 대답하더니 선크림을 바르기 시작했다.

"손님이 알려주셨어요. 사람들은 보통 병가를 내는 것에 익숙하다고. 기본적으로 너무 아파서 어쩔 수 없이 휴식을 취해야 할 때까지 삶을 견뎌낸대요. 그리고 휴식 기간 동안 애초에 병을 불러온 원인을 찾아 회복하는 데 시간을 보내요. 그런 다음 다시 똑같은 일로 돌아가는 거죠.

그 손님은 가끔씩 '신나서 쉬는 중'이라는 쉼표를 스스로에게 선물한다고 했어요. 에너지가 충만한 날이 오면 '신나서 쉬기'를 하고 가장 좋아하는 걸 하러 가곤 한대요."

"거참 멋진 표현이네요."

내가 대답했다. 나는 '아하!' 노트를 꺼내 빠르게 적어나갔다.


가끔씩은 스스로에게 '신나서 쉬는 중'을 허락하자.


케이시는 내 노트 쪽을 바라보며 고개를 끄덕였다.

"오늘도 좋은 내용을 저장 중이에요?"

"맞아요."

그녀는 선크림 뚜껑을 닫고 나에게 튕겨주었다.

"서핑하러 갑시다."

# 내 파도를 고른다

나는 화장실에서 나와 뒷문을 향해 걸어갔다. 제시카도 마침 여자 화장실에서 나오고 있었다.

"서핑할 준비 다 됐어요?"

내가 물었다.

그녀는 미소를 지으며 대답했다.

"완전요. 오늘 아침에 차에 수영복을 던져 넣길 너무 잘한 것 같아요. 처음엔 쓸데없는 짓처럼 느껴졌었는데 제 안에서 뭔가가 제게 '가져가!'라고 하더라고요. 이제 왜 그랬는지 알 것 같아요."

"완벽하네요."

내가 답했다. 나도 아침에 일어났을 때 비슷했다. 내 계획은 그냥 자전거를 타러 가는 것이었는데, 내 안에서 똑같은 소리가 들려왔다. '수영복 가져가'라고. 나도 이젠 그 이유를 알았다.

우리는 카페의 뒤쪽으로 나가 모래를 밟으며 우리를 기다리고 있는 에마와 마이크 곁으로 다가갔다. 마이크 옆에는 서핑보드 다섯 개가 나뭇가지에 걸쳐져 있었다.

"케이시는 어디 있어요?"

제시카가 물었다.

"곧 오실 거예요. 아줌마는 서핑을 잘해서, 수업 안 받아도 돼요."

에마가 대답했다. 그때 카페의 뒷문이 열렸다. 케이시가 보였다. 그녀는 누군가와 함께 있었다.

"와. 엄청 밝네요."

나는 눈을 가렸다. 마치 갑자기 태양 빛이 너무 밝아서, 케이시와 그녀와 함께 있던 사람을 볼 수 없는 것처럼 느껴졌다.

"장난 아니네요."

제시카도 눈을 가리면서 맞장구를 쳐주었다.

"아빠, 저기……."

에마가 말을 꺼냈다. 마이크는 미소를 짓고 에마 옆에 쭈그려 앉으며 말했다.

"우리 코코넛, 제시카 아줌마 좀 가르쳐줄래? 모래 위에서 먼저 수업하고 있으면 아빠가 가서 손님이랑 인사하고 올게. 그리고 돌아오면 물에 들어가서 수업하는 건 아빠가 도와줄게."

"넵. 알겠습니다."

에마가 말했다. 마이크는 에마를 쓰다듬으며 정수리에 뽀뽀를 했다.

"고마워, 우리 코코넛."

"아빠, 아빠아."

마이크가 일어났을 때 에마가 불렀다.

"왜?"

마이크는 미소를 지으며 대답했다. 에마는 마이크에게 허리를 숙여달라고 손짓했다. 그리고 마이크가 에마의 말을 들으려고 쭈그려 앉자 아빠의 귀에 대고 뭔가를 속삭였다. 그러자 마이크는 미소를 지으며, "알겠어"라고 대답했다.

그리고 에마는 카페를 향해 전력 질주를 했다.

"곧 돌아올게요."

에마는 어깨 너머로 소리를 질렀다. 나는 손으로 눈가에 그림자를 만들어 에마를 보려고 했다. 하지만 빛이 너무 눈부셨다. 에마가 손님을 포옹하는 걸 본 것 같았지만, 잘 보이지 않았다. 뭔가 살짝 보이는 듯한 찰나, 나는 손님에게서 아주 익숙한 뭔가를 순간적으로 느꼈다. 빛은 다시 매우 밝아졌고, 나는 잠깐 동안 눈을 감고 있어야 했다.

나는 카페를 등지고 다시 바다 쪽을 바라보았다.

"제시카. 이건 당신 거예요. 그리고 존은, 이걸로 한번 타보세요."

마이크는 서핑보드 옆에 서서 두 개의 서핑보드를 가리키며 말했다. 제시카와 나는 우리 보드 쪽으로 걸어갔다.

"제시카, 서핑해 본 적 있어요?"

마이크가 물었다.

"없어요."

"음, 그럼 오늘은 당신을 위해 엄청난 게 시작되는 하루예요."

그녀는 미소를 지었다.

"이미 그렇게 시작했는걸요."

마이크도 미소를 지었다.

"더 좋네요. 그러면, 모래 위에서 보드를 드는 법, 기본부터 시작할게요. 그러고 나서 바다로 들어가서 파도타기를 할 겁니다. 에마는 파도 경험이 아주 많아요. 케이시와 저도 그렇고요. 존은 꽤 따라잡고 있고요."

마이크가 맞았다. 나는 경험이 많지는 않았지만, 서핑을 꽤 해본 축에 속했다. 비록 마이크에게 말한 적은 없지만 전에도 그랬듯 그는 이미 알고 있었다.

"그래서, 보드를 잡는 방법은……."

마이크가 수업을 시작했다.

"내가 할게. 내가 할게, 아빠."

에마가 숨을 헐떡이며 말했다. 고개를 돌려보니 에마가 우리를 향해 달려오고 있었다.

"내가 할래."

마이크는 미소를 지었다.

"그러면, 최고의 강사에게 넘기겠습니다."

그는 에마의 머리를 토닥이며 말했다.

"아빠 필요하면 불러. 조금 이따가 해변에서 만나자."

마이크가 카페를 향해 걸어가자 에마가 서핑보드를 집어 들었다.

"서핑을 사랑하게 되실 거예요, 제시카 아줌마! 물에 들어가기 전에, 기본을 이해하는 게 가장 중요해요."

아주 신이 난 목소리였다. 에마는 보드를 모래에 내려두며 말했다.

"좋아요, 다들 보드를 잡아 제 보드 옆에 살살 내려놓습니다."

제시카와 나는 보드를 바다 방향으로 돌리며 모래에 내려놓았다.

"서핑은 약간의 기술과 균형 감각이 필요하고, 엄청난 리듬과 에너지가 필요해요. 기술 부분은 모래 위에서, 그리고 나머지 부분은 물에서 할 거예요."

에마가 말했다. 나는 미소를 지었다. 이 작은 일곱 살짜리 아이가 자신감에 넘쳐서, 긴장도 하지 않고 편안하게 서핑을 가르치다니. 심지어 수강생은 몇십 살은 더 나이가 많은 어른인데.

그리고 20분간 에마는 제시카에게 서핑의 기본을 가르쳐주었다. 보드 드는 법, 바다 저쪽 너머로 가는 법, 파도를 타고 보드 위에서 일어서는 법, 일어났을 때 균형을 잡기 위해 팔과 발을 어디에 두어야 하는지 그 올바른 위치, 보드에서 균형을 잃었을 때 안전하게 떨어지는 법…….

"사람들이 가장 흔히 하는 실수는 너무 일찍 보드에서 일어서려고 하는 거예요."

에마가 말했다.

"기억해요. 파도가 나를 프로펠러처럼 밀어줄 때의 에너지를 느끼면서 계속 저어요! 그 추진력으로 시작할 수 있는 거예요. 그걸 느끼면, 힘차고 깊게 스트로크를 세 번 하세요. 그리고 일어서서 서핑을 즐겨요. 추진력을 받는 걸 느끼는 첫 순간 일어서려고 하면, 아직 파도의 에너지를 충분히 받지 못한 거예요. 그럼 몸이 무거워지고 파도 뒤로 밀려나게 돼요."

"그럼 어떻게 되는데?"

제시카가 물었다.

"파도를 놓치는 거죠. 내 밑으로 파도가 지나가고 나는 지나간 파도 뒤에 남겨지는 거죠. 그리고, 이게 가장 뼈아픈 건데, 처음에 들인 모든 힘은 낭비돼요. 다시 파도가 치는 쪽인 반대편으로 팔을 저어 돌아가야 하니까요. 그리고 파도가 좋고 클수록, 팔을 저어 가는 데 엄청난 시간과 에너지가 들어가요."

에마는 미소를 지으면서 살랑살랑 춤을 추며 말했다.

"서핑을 하고 싶은 거지, 팔만 젓고 싶은 건 아니니까요."

좋은 충고였다. 내가 처음 서핑을 배웠을 땐, 누구도 파도를 느낀 시점에서 세 번 더 스트로크를 하라고 알려주지 않았다. 그래서 나는 그날 아침 내내 파도를 놓치고 다시 파도 넘어 저쪽으로 가려고 힘만 빼곤 했다.

"네, 쌤. 여기서 한 번 더 복습하겠습니다. 제대로 이해했는지 확인하고 가야죠. 첫 번째, 내 파도를 고른다. 내 파도를 고르면, 보드 위에 엎어져 있을 때, 두 팔을 이용해서 파도를 잡을 준비를 한다. 그리고 팔을 젓는다. 파도의 에너지를 느끼면 세 번 더 팔을 젓는다. 그리고 일어서서 파도를 탄다."

제시카가 웃으며 말했다.

"정확해요! 완전 잘하는데요, 제시카 아줌마."

에마는 환하게 웃어 보였다.

내 얼굴에 미소가 퍼졌다. 이 카페에 다녀간 이래, 작은 교훈이 큰 교훈과 연결되는 것을 깨달은 게 몇 차례인지……. 에마가 제시카에게 서핑을 가르치는 걸 들으면서, 나는 다시 한번 깨달왔다. 에마가 공유하는 모든 것은 인생의 한 부분이 될 수 있다는 것을.

내 파도를 골라라.

어디로 가고자 하는지 선택하라는 것과 같다. 이것이 당신의 존재의 목적이다. 혹은 내 인생에서 가장 중요한 다섯 가지를 먼저 찾는다. 처음부터 존재의 목적을 찾으려고 하면, 그건 감당하니 힘드니까.

파도를 타기 위해 준비를 하라.

이건 원하는 인생을 살기 위한 자세를 잡으라는 것과 같다. 생각, 감정, 행동을 의도와 일치시키는 일과 같은 것이다. 원하는 삶에 맞춰 조율해라. 원하는 경험을 하기 위해 물리적으로 원하는 장소에 가는 것도 포함된다. 혹은 스스로 적절한 환경이나 사람들 사이에 들어가, 내가 원하는 것을 해낼 수 있는 최고의 기회를 잡는 것을 말한다.

팔을 저어라.

액션을 취해라. 모험을 시작해라. 도전해라! 엄청난 꿈을 가진 사람은 많지만, 그 꿈을 실현하기 위한 행동을 취하는 사람은 그리 많지 않다.

파도의 에너지를 느끼면, 멈추지 마라. 흐름을 타기 위해 계속 팔을 저어라.

나는 놀라운 경험을 할 때가 다가왔는데 포기하는 사람들을 얼마나 많이 봤는지 모른다. 그들은 두려움에 사로잡혀 미처 행동으로 옮기지 못한다. 파도의 흐름을 탈 순간이 바로 코앞에 다가오지만 그걸 잡지 못하는 것이다. 그럼 다시 다음 기회를 기다려야 하고, 다음 기회가 왔을 때 그 순간을 잡기 위해 또 많은 에너지를 써야 한다.

파도를 타라.

즐겨라! 팔만 계속 젓고 또 젓다 보면, 인생이 지루해진다. 그래서 스스로 지쳐 나가떨어지고 만다. 중요한 건, 인생을 즐기기 위한 준비만 하지 말고, 실제로 즐기는 것이다. 파도를 타라.

모든 게 들어 있었다. 아주 간단하면서 심오한 이 교훈을 일곱 살 아이에게 배웠다.

"좋아. 준비됐어. 바다로 가자."

제시카가 말했다.

"먼저 연습부터 하고요."

에마가 모래 위에 있던 서핑보드를 가리키며 말했다.

"모래에서?"

제시카가 놀라서 말했다.

"네. 먼저 안전한 모래 위에서 기술을 마스터하고 갈 거예요. 여기엔 우릴 덮칠 파도가 없어요. 이렇게 모래에서 연습하고 들어가면, 실제 물에 들어갔을 때 어떻게 해야 할지 머릿속에 있으니까 무섭지 않아요. 좋아요. 모두 보드를 타고 팔 저을 준비를 하세요!"

에마가 신나게 말하며 보드에 올라가 엎드렸다. 나는 미소를 짓고는 내 보드 위에 엎드렸다.

'인생 교훈 하나 더 건졌네.'

나는 혼자 생각했다.

# 서핑 수업

"다들 서핑할 준비 됐나요?"

마이크 목소리였다. 마이크는 케이시와 함께 서핑보드를 끼고 우리 쪽으로 걸어오고 있었다.

"거의요."

제시카가 말했다. 그녀는 에마에게로 몸을 돌리며 물었다.

"한 번만 더 보여줄 수 있을까?"

"그럼요!"

에마는 보드를 밀며 일어나 발로 중심을 잡는 과정을 제시카에게 보여주었다. 그러곤 제시카의 팔과 다리가 중심을 잡기 위해 잘 배치되었는지 봐주었다.

"이제 준비 완료."

에마가 모래에서 살랑살랑 춤을 추며 말했다.

"다음 역은 파도 역입니다!"

마이크는 에마를 번쩍 들어 올려 뒤집으며 말했다.

"거꾸로 서핑하기."

에마는 대롱대롱 매달려서는 까르륵 웃었다.

"또 해줘 또. 한 번만 더."

마이크가 에마를 내려놓자마자 에마가 말했다. 마이크는 다시 해주었고, 에마는 방금 전보다 더 크게 웃었다.

"좋아. 가자!"

마이크가 에마를 내려놓고 말했다. 에마가 앞장서서 바닷가로 향해 물에 닿자마자 발목 끈을 부착하고는 보드를 들고 뛰어들었다.

"들어가도 되겠어요?"

케이시가 제시카에게 물었다. 제시카는 발목 끈을 만지작거리며 약간 주저하는 듯 보였다.

"5분 전에 저쪽에 있을 땐 너무 괜찮았어요. 완전히 준비가 된 상태였어요. 심지어 '바로 물속에서 시작하면 좋겠다'라고 생각했는데. 막상 바다에 들어오니까……."

제시카가 서핑보드를 바라보며 말했다.

"심장이 두근거려요."

케이시가 미소를 지었다.

"두려움과 설렘에는 미묘한 차이가 있어요. 꽤 오랫동안 인생을 즐기지 못했다면, 그 차이를 잊었을 거예요."

"넘어지고 싶지 않아요."

"일어나는 걸 배우려면 넘어져 봐야죠."

케이시가 대답하고는 보드를 가지고 물로 들어갔다.

"어서 와요. 우리가 계속 옆에 같이 있을게요."

케이시는 나를 힐끗 쳐다보았다. 나는 미소를 지어 보였다.

"할 수 있어요, 제시카."

"존, 제시카를 위한 '아하!'의 순간 뭐 없어요?"

케이시가 물었다. 그때 나는 보드에 엎드려 천천히 팔로 노를 젓기 시작하고 있었다. 나는 살짝 뒤를 돌아보고 웃으며 말했다.

"전문가들도 처음엔 아무것도 모르는 초보였다."

제시카가 미소를 지었다. 그녀는 보드를 물에 올려놓고, 그 위에 엎드렸다.

"나도 한번 전문가가 되어볼까요?"

그녀는 팔로 노를 젓기 시작했다.

마이크와 에마는 훌륭한 선생님이었다. 두 사람은 제시카를 위해 부서진 파도 위에서 보드를 타는 것부터 안전하게 시작했다. 마이크는 제시카의 보드를 잡아주고 적절한 때에 보드를 밀어주었으며, 에마는 함께 서핑을 하면서 제시카가 뭘 잘하고 있고 뭘 잘못하고 있는지 살펴보고, 잘한 것은 칭찬하고 잘못하고 있는 점은 고칠 수 있도록 설명해 주었다.

처음 네 번을 연속 넘어진 제시카는 다섯 번째에 드디어 보드에서 일어나 해변까지 쭈욱 파도를 타는 데 성공했다. 서핑 비디오에 실릴 만한 자세는 물론 아니었다. 보드 위에서 휘청거리고, 흔들리고, 넘어질 뻔했다. 하지만 결국 해냈다.

우리는 미친 듯이 환호했다.

조금씩 파도를 타면서 제시카는 점점 더 서핑에 익숙해졌다. 그리고 전문가로 거듭나기 시작했다. 곧, 그녀는 마이크가 밀어줄 필요가 없을 정도가 되었다. 파도의 타이밍을 느끼고 알아채 스스로 파도를 탈 수 있게 된 것이다. 얼마 후, 제시카는 더 이상 하얀 파도가 아니라 작아도 진짜 파도를 타고 싶다고 했다.

"제시카 아줌마, 너무 잘하고 있어요!"

에마가 신나서 말했다. 에마는 제시카와 함께 작은 파도를 타 주었다. 이제 그녀는 혼자 팔로 노를 저어 우리, 즉 나와 마이크와 케이시가 있는 곳을 향해 오기 시작했다. 여전히 해변 가까운 쪽에서 타기는 했지만.

"에마는 정말 좋은 선생님이던데. 작은 파도에서 그렇게 오랫동안 같이 있어 주다니. 너무 대견한걸. 빨리 큰 파도를 타고 싶었을 텐데 말이지."

내 말에 에마는 어깨를 으쓱했다.

"우리 아빠가 절 그렇게 가르쳐주셨어요."

"아빠가 할 말이 있어, 우리 코코넛."

마이크가 에마의 서핑보드를 툭툭 치며 말했다.

"아빠가 가서 제시카 아줌마를 봐줄 테니까 여기서 큰 파도 타고 있어."

에마가 고개를 끄덕였다.

"알겠어요."

"에마 좀 잘 봐주세요?"

그는 에마는 가리키며 우리에게 손짓했다.

"그럼요. 난 어차피 좀 쉬려고 해요."

내가 말했다. 마이크가 고개를 끄덕였다.

"아빠 필요하면 언제든 불러, 우리 코코넛."

그러곤 보드를 돌려 제시카가 있는 해변 쪽으로 갔다.

"큰 파도가 와요."

에마가 말했다. 나는 뒤를 돌아보았다. 아주 좋은 파도가 우릴 향해 다가오고 있었다.

"이건 에마 거다. 아저씨 팔은 휴식이 필요해."

내가 말하곤 미소를 지어 보였다. 나는 훌쩍 보드에 걸터앉았다. 케이시도 그랬다. 에마는 뒤를 돌아 팔을 젓기 시작했다. 큰 파도는 우리 밑을 지나갔고, 그 순간 에마가 우리 시야에서 사라졌다. 파도 건너편에서 미친 듯이 팔을 젓고 있으리라. 잠시 후, 우리 눈에 보드를 타고 오는 에마가 들어왔다.

"잘 타는데."

내가 말했다. 케이시는 고개를 끄덕였다.

"마이크는 에마가 세 살 때부터 에마를 안고 보드를 탔어요. 에마는 네 살 때부터 파도의 하얀 물살에서 서핑을 했고 다섯 살부터는 꽤 큰 파도를 타기 시작했어요."

"완전 서핑 선수네요."

"네."

해변 쪽으로 눈을 돌려보니, 마이크가 제시카의 옆에서 서핑을 하고 있었다.

"제시카는 좀 어때요?"

케이시는 미소를 지었다.

"서핑에 대해 물어보시는 게 아니죠?"

나는 고개를 끄덕였다.

"좋아질 거예요. 지금은 내면의 악마랑 싸우고 있거든요. 스스로를 믿고 자기가 누구인지, 무엇을 해야 하는지에 대한 답을 찾아야 해요. 해낼 거예요."

케이시는 나를 돌아보며 물었다.

"그쪽은요?"

나는 팔을 내밀었다.

"서핑을 하면서 훌륭한 사람이 되지 않긴 어려워요. 아주 좋은 채널이니까요."

"좋은 뭐라고요?"

나는 웃으며 다시 말했다.

"아주 좋은 채널."

그녀도 함께 미소를 지었다.

"그게 여기에 있는 거랑 무슨 상관인데요?"

"한번은 옥외 카페에 앉아 있었어요. 다시 여행길에 오를 수 있을 만큼 돈을 모았고, 가져갈 물건 목록을 작성하고 있었죠. 내 옆 테이블에서 남자 두 명이 잘못 돌아가는 세상일에 대해 토론을 하고 있었어요. 정부, 교육제도, 사람들이 실업수당을 어떻게 악용하는지, 주식시장 하락 같은 이야기요. 그런 주제에 대해 정말 열띤 토론을 하고 있었죠. 그걸 듣다 보니, 갑자기 엄청난 '아하!'가 떠올랐어요."

"그래서 '아하!' 노트에 썼나요?"

"네. 썼어요."

나는 웃으며 말했다.

"그 '아하!'는 뭐였어요?"

"인생을 100개의 채널로 생각하는 거였어요. 코미디, 드라마, 시사, 리얼리티 요리 쇼, 뉴스, 스포츠 채널 등 채널 목록은 끝이 없죠. 이 100개 채널을 아주 좋아하는 채널, 그냥 좋아하는 채널, 괜찮은 채널로 구분할 수 있어요. 한데 마지막 세 개의 채널은 아주 짜증 나는 채널이에요. 이 세 개는 정말 불쾌한 감정이 느껴질 정도로 싫어하는 채널. 이게 대체 텔레비전에 어떻게 방송되는지 믿을 수 없을 정도의 프로그램을 방영하는 채널이죠.

내 '아하!'는 뭐였냐면, 많은 사람이 본인이 정말 싫다고 생각하는 세 개의 채널을 자주 시청한다는 거예요. 처음엔 채널을 돌리다 우연히 발견하죠. 보면서 아주 별로라고 생각하고, 너무 불쾌하고 기분이 나빠지기까지 하면서, 다른 사람들에게도 알려줘야 한다는 강박감을 느껴요.

그게 토론의 시작이 되는 거죠. '그거 들었어? 그런 일이…… 너무 끔찍하지 않아? 그 사람은 글쎄 그런 짓을 하다 잡혔대.' 그러면서 그 채널 내용이 얼마나 끔찍한지 계속 곱씹어요."

"싫다면서 계속 보네요."

케이시가 덧붙였다. 나는 고개를 끄덕였다.

"그래요! 집중 소비하는 거죠. 싫어하는 채널 세 개에 너무 빠져서 나머지 아흔일곱 개 채널은 시청하지도 않게 돼요. 시간이 지나면서 아흔일곱 개의 채널은 아예 잊어버리고 말죠. 결국엔, 다른 채널의 존재조차 까먹어요."

"그래서 지금 이게 좋은 채널이라는 거죠."

케이시는 태양과 바다를 가리키며 말했다.

"말도 안 되게 좋죠. 지금 이 순간 누군가는 분명 아주 싫어하는 짓을 하고 있을 거예요. 그게 얼마나 잘못된 일인지, 불공평하고 이기적인 일인지에 집착하면 나머지를 놓치게 돼요."

내가 대답했다.

"그럼 어떻게 해요? 싫어하는 채널은 그냥 안 보나요?"

"맞아요. 그리고 아주 놀라운 건, 일단 안 보기 시작하면 시간이 갈수록 그 채널들이 존재하긴 했었는지조차 잊게 돼요. 너무 안 보니까 그 채널 자체가 아예 존재하지 않는 것처럼 여겨지는 거죠."

케이시는 미소를 지었다.

"그 싫어하는 채널 세 가지에 집착하게 된 사람들은 왜 그렇게 되었대요?"

나는 웃으며 말했다.

"그런 사람들하고 열띤 토론을 몇 번이나 해봤어요. 그들은 아무도 신경 안 쓰면, 아무것도 바뀌지 않는다고 말하더군요. 누군가 나서야 된다고요."

"그래서요?"

나는 다시 웃었다.

"그래서 그 사람들에게 나서서 행동을 해봤는지, 아니면 무슨 조치를 취하고 있는지 물어봤어요."

"그렇게 물어보면 화내지 않나요? 순순히 대답해요?"

나는 고개를 젓고 미소를 지었다.

"잘 안되죠. 그러니까 최대한 부드럽게 접근해요. 얼마나 분개하고 계신지 해당 사안에 대해 얼마나 열정적이신지 다 느껴진다고, 충분히 공감한다고 먼저 포석을 깔고 나서, 그럼 해당 문제를 개선하기 위해 나서서 뭔가를 해보았냐고 상냥하게 물어보는 거죠."

"그러면요?"

나는 쓴웃음을 지으며 고개를 저었다.

"해봤다고 하는 사람이 하나도 없었어요. 사람들은 세상이 얼마나 잘못 돌아가는지 불공평한지에 대해 토로만 할 뿐 누구도 그걸 바꾸기 위해 노력하지는 않아요. 그래서 나는 내 시간을 투자해서 바꾸려고 노력하지 않을 일이나 못 할 일에는 더 이상 내 에너지를 소모하지 않기로 결정했다고 말하죠. 내가 세상사가 다 맘에 들어서 그러는 것은 아니라고 설명해요. 그냥 내 에너지를 그런 곳에 소모하지 않겠다는 의지고, 다른 채널을 보기로 선택하는 거라고 이야기해 줘요."

"그럼 그 사람들은 뭐라고 하던가요?"

"대부분은 동요하는 것 같아요. 그러고는 '누군가는 해야 한다'라고 말하죠. 그러면 나는 웃으면서 그러한 노력을 이끌 수 있는 완벽한 사람들이 당신들처럼 보인다고 말해요. 그리고 이렇게 덧붙이죠. 하지만, 그러한 노력을 주도할 의향이 없다면, 그냥 그 일은 잊고 다른 데 집중하라고요."

"그러면 어떤 반응을 보이나요?"

"보통 좀 화를 내고, 날이 선 말들을 해요. 그러면 나도 불쾌해지죠. 하지만 그건 또 다른 '아하!'의 순간이기도 해요."

"그래서 그 '아하!'는 뭔데요?"

케이시는 웃으며 말했다.

"모든 화는 두려움의 표현이다."

케이시는 고개를 끄덕였다.

"화날 때, '왜? 화가 나는 거지'라고 자문하면 대답은 항상 두려움이더라고요. 몇 단계를 거쳐 내려가야 다다를 때도 있지만, 결론은 항상 그랬어요. 예를 들어서, 새로운 건축 허가를 승인해주는 대가로 돈을 받은 비리 정치인에 대한 기사를 봤다고 쳐요. 그 사람은 기사를 읽으면서 분개하게 되죠. 기사를 읽은 후에 그 주제에 대해서 대화를 나눌 땐, 더더욱 화가 나지요. 결국 이 비리 정치인을 계속해서 비난해요. 세상이 얼마나 부패했는지에 대해 등등…… 사실 어느 면에서 보면 그런 반응은 당연한 거예요. 정치인이 잘못을 저질렀고 정당하지 않은 짓을 했죠. 하지만, 사람들의 반응은 개인적인 경험의 몇 배로 부풀려져 나오거든요."

"본인에게 닥칠 일에 대한 두려움."

케이시가 말했다.

"맞아요. 비리 정치인에 대한 이야기를 읽으면, 마음 깊은 곳에서는 두려움의 불씨에 불이 붙어요. 예를 들어, 자기가 건축 허가를 받을 수 없을까 봐 걱정하는 거죠. 부패한 정치인에게 뇌물을 받고 허가를 내주고 나면 정작 내가 필요할 때 그 허가를 못 받게될까 봐, 그러면 꿈에 그리던 집을 지을 수 없게 될 테니까요.

더 최악은 아예 집을 구할 수 없게 되는 거예요. 집을 구하지못하면 노숙자가 되고. 그럼 배를 곯게 되고, 잘 곳이 없으면 직장도 구하지 못하죠. 자식들은 사회복지사나 누군가가 데려가버리겠죠. 그리고…… 그리고…… 또……."

"결국 원래의 문제와는 거리가 먼 두려움에 빠지고 말죠."

케이시가 말했다. 나는 고개를 끄덕였다.

"그게 끔찍한 거죠. 그게 내가 '아하!' 노트를 만든 이유랍니다. 분노는 일어날 가능성이 거의 없는 일에 대한 지극히 비이성적인 두려움의 결과라는 걸 깨달았어요. 나도 그런 사람이고요. 그래서 저는 화가 날 때마다 자문을 해요. '내가 지금 뭐가 두려운 거지?' 그럼 내 분노는 상관도 없는 일에 대한 비합리적인 두려움 때문이라는 걸 깨닫게 되죠. 그러면 분노를 놓아버릴 수 있어요."

케이시는 미소를 지었다.

"그게 항상 잘되나요?"

나도 미소로 화답했다.

"처음엔 힘들었어요. 난 성격이 좀 느긋한 편이지만, 그래도 화낼 줄 모르는 사람은 아니거든요. 하지만 '아하!' 덕분에 나는 나의 분노가 사실은 두려움이라는 걸 알게 되었고 그런 분노는 아무 소용도 없고, 긍정적인 목적에도 부합하지 않는다는 걸 이성적으로 이해하게 되었어요. 근데 이상해요. 가끔씩 내 마음 한 구석에서 이런 생각이 들 때가 있어요. 그건……."

"분노를 놓아버리고 싶지 않은 마음이 드는 거요?"

케이시가 끼어들었다. 나는 고개를 끄덕였다.

"맞아요! 마치 분노가 무언가를 해낼 수 있게 만드는 원동력이 되는 듯해요."

나는 어깨를 으쓱하곤 웃었다.

"왜요?"

"태국의 아주 작은 공항에 앉아 있을 때 일이에요. 텔레비전에서 옛날 만화가 나오고 있었는데, 「톰과 제리」였어요. 톰의 한쪽 어깨에는 작은 천사가, 한쪽 어깨에는 작은 악마가 앉아 있는 그런 장면 본 적 있어요? 양쪽 어깨에서 서로 톰이 본인들이 원하는 대로 하게끔 하려고 애쓰는 장면? 분노에 매달리기를 원하는 마음이 바로 그런 거랑 비슷하다는 걸 깨달았어요. 하지만 삶을 사랑하고, 계속 성장하며, 삶이 흘러가기를 원하는 쪽의 나는 분노와 비이성적인 두려움을 놓아주는 게 진정한 힘이라는 걸 알게 되었죠. 내 한쪽 어깨에 있던 천사 덕분에요."

나는 미소를 지으며 말했다.

"난 두려움을 떨치고 세계를 여행하며 깨달음을 얻는 사람에 가깝다고 생각해요."

케이시는 웃으며 말했다.

"그럼 다른 한쪽 어깨엔 누가 있나요?"

"다른 한쪽엔 몹시 화가 난 작은 혈거인(동굴 생활을 하는 사람-옮긴이)이 있어요. 끊임없이 싸우거나 도망갈 준비를 하며 살아가고 있죠. 모퉁이를 돌면 뭐가 있을지 항상 두려움과 걱정거리를 천 배 정도는 부풀리며 살아요."

케이시는 또 웃음을 터뜨렸다.

"거참 볼만하네요. 깨달음을 얻은 작은 여행자와 화가 난 작은 혈거인의 결투라."

"그런데 결투는 일어나지 않았어요. 그냥 '아하!' 속의 '아하!' 였을 뿐이죠. 나는 분노가 그 작은 혈거인을 움직이는 원동력인 줄 알았어요. 하지만 혈거인은 그저 두려웠을 뿐이라는 걸 깨달았죠. 그래서 그 깨달음을 얻은 작은 여행자가 두려움에 떠는 작은 혈거인에게 말했어요. 다 괜찮아질 거라고. 그리고 시간이 흐르며 그들은 친구가 되었고 세계를 함께 여행했어요. 그 작은 혈거인은 처음부터 하고 싶었지만 두려워서 도전을 하지 못했던 것뿐이에요."

케이시가 너무 웃는 바람에 나는 그녀가 서핑보드에서 떨어지는 줄 알았다.

"이런 기발한 생각을 하다니……. 진짜예요?"

그녀가 물었다.

"미친 짓을 극복하기 위해서 미친 짓을 해야 하는 경우도 있으니까요. 그런데 정말 미친 짓은 바로 그 비합리적인 분노에 매달려 사는 거예요."

나도 웃으며 답했다.

"그래서 이게 싫어하는 텔레비전 채널에만 묶여 분개하며 사는 사람들을 상대하는 방법이라는 거죠? 그들의 화가 정말 두려움이라는 걸 봤어요?"

케이시가 물었다.

"그럼요. 그걸 알고 나니까 그 사람들을 완전히 다른 시각에서 볼 수 있었어요. 무엇보다도, 그들이 두려워하는 게 보였어요. 그래서 나는 내 어깨에 있는 작고, 친근하고, 깨달음을 얻은 여행자처럼 부드럽게 그들에게 다가가 괜찮아질 거라고 얘기해 줬어요. 그들이 노숙자가 되거나, 누군가 아이를 데려가지 않을 거라고……. 다 괜찮을 거라고요."

"그래서 어떻게 됐어요?"

나는 어깨를 으쓱하며 미소를 지어 보였다.

"제가 그렇게 나오면 사람들 대부분은 내가 미쳤다고 생각하는 것 같아요. 근데 뭐 상관없어요. 왜냐면 모든 게 아주 간단한 결론으로 귀결된다는 걸 깨달았거든요. 시간과 돈을 투자해서라도 꼭 바꾸고 싶다면, 바꾸면 되는 거예요. 멋지잖아요. 어떤 사람들에게는 그게 존재의 목적이 되고, 매일 아침 일어날 이유가 되는 거죠."

나는 잠시 망설이다 말했다.

"하지만 현실에서 내 정성과 노력을 투자할 정도로 절박하지 않다면, 나를 화나게 하는 채널보다 나에게 득이 되는 채널에 시간과 에너지를 쏟는 데 집중하는 게 훨씬 낫죠."

"겁쟁이는 수천 번 죽지만, 용감한 이는 단 한 번 죽는다."

케이시가 말했다. 나는 어리둥절한 표정으로 케이시를 봤다.

"존의 얘기를 들으니 이 표현이 생각났어요. 어릴 때부터 들어왔던 표현인데, 옛날에는 정확히 무슨 말인지 이해가 되지는 않았죠. 그러던 어느 날 카페에서 손님과 대화를 하던 중에 확 와닿았어요. 그 손님은 뉴스를 보고 아주 짜증이 났다고 하더라고요. 사람들이 무료 치료를 받기 위해 보건 시스템을 악용하는 방법에 대한 뉴스였죠. 조금 전 설명하신 것처럼, 그 사람의 일상과는 전혀 관련이 없는 뉴스였는데, 그걸 가지고 분노하시더라고요. 근본적인 두려움이 그를 지배하고 있었어요. 그리고 그 뉴스에 대해 더 생각하고 이야기가 길어질수록, 더 화를 냈죠."

"수천 번 죽고 있었군요?"

그녀는 고개를 끄덕였다.

"정확해요. 겁쟁이는 잘못될 수 있는 모든 일을 끊임없이 두려워하며 살아요. 그래서 마음속에서 수천 번의 죽음을 맞아요. 하지만 용감한 이는 깨달아요. 자기 마음이 그렇게 마음대로 안 되는 상태로 내버려두는 것이 무의미하다는 걸. 그래서 본인이 원하는 그런 삶을 살지요."

그녀는 미소를 지으며 말했다.

"우리 모두 언젠간 죽어요. 하지만 용감한 사람은 단 한 번만 죽어요."

# 바다거북 호누호누

케이시, 마이크, 에마, 제시카와 나는 몇 시간 동안 서핑을 했다. 서핑을 하다 힘에 부치면 해변으로 가서 휴식을 취하거나 간식을 먹고 다시 물속으로 들어가면 됐다. 좋아하는 일을 하며 시간을 보내는 건 놀랍도록 쉬웠다. 하루가 순식간에 지나갔다.

늦은 오후가 되자, 태양이 수평선 아래로 가라앉기 시작했다. 하늘이 아름다운 분홍빛으로 물들었다. 노을이 질 때 태양에서 나오는 광선이 솜털처럼 부드러운 깃털 모양을 한 구름에 반사되었다. 지평선 너머 어느 방향에서나 볼 수 있을 만큼 완벽한 풍경이 넓게 펼쳐졌다.

우리는 모두 휴식을 취하고 팔로 노를 저어가며, 태양이 점점 더 낮아지는 걸 지켜보았다.

"이걸 놓치고 살았다니, 믿을 수가 없네요. 너무 바빠서 일몰조차 보지 않았어요."

제시카가 말했다.

"서핑보드에서 보니까 더 좋지 않아요?"

마이크가 물었다. 제시카는 미소를 지으며 고개를 끄덕였다.

"더 좋아요."

우리는 한동안 아무 말이 없었다. 서핑보드 모서리에 부딪히는 파도, 부드럽고 따뜻한 공기, 아름다운 일몰…… 완벽했다.

갑자기 제시카의 외마디에 침묵이 깨졌다.

"바다거북!"

그녀가 외쳤다.

"봐요, 바다거북이에요!"

나는 본능적으로 케이시를 힐끗 보았다. 내가 전에 카페를 갔을 때, 그녀가 녹색 바다거북에 관한 이야기를 해준 적이 있었다. 이야기의 핵심은, 우리가 조심하지 않으면 그다지 중요하지도 않은 일에 시간과 에너지를 모두 쏟게 된다는 것이었다. 그러는 사이 우리가 하고 싶었던 것을 하게 될 기회가 오면, 그때는 시간도 에너지도 고갈되어 다 사라지고 없을지도 모른다.

경계하지 않으면, 우리가 진정으로 바랐던 삶과는 아주 다른 인생의 경험들만 쌓일 수도 있다. 케이시는 녹색 바다거북이 주변 환경과 어우러지며 사는 모습을 보며 이 모든 것을 이해할 수 있었다고 했다.

그 이야기를 듣고 내 인생이 바뀌었는데……. 카페에서의 그 밤 이후 바다거북은 매일 내 마음속에 찾아왔는데……. 그런 녹색 바다거북이 바로 지금 우리 옆에 있다니! 완벽함이 한층 더 완벽해졌다. 나는 바다거북을 보고 케이시를 다시 흘긋 쳐다보았다. 그 순간 나를 보고 있던 케이시가 나에게 윙크를 하고는 제시카와 바다거북 쪽을 고개로 가리켰다.

바다거북은 제시카의 서핑보드 바로 옆에서 수면으로 천천히 떠올랐다.

"저건 호누호누예요."

에마가 신이 나서 말했다.

"호누호누?"

제시카가 물었다.

"호누는 하와이말로 거북이라는 뜻이에요."

마이크가 대답했다.

"등딱지에 작은 혹 같은 거 보이세요? 가끔씩 저 거북을 만나는데, 제가 호누호누라고 이름을 지었어요."

에마가 물었다.

"멋지구나."

제시카가 말했다. 거북은 그녀에게서 얼마 떨어지지 않은 곳에 있었고, 그녀는 거북한테서 눈을 뗄 수가 없었다.

"이따가 케이시가 녹색 바다거북에 관해서 아주 좋은 이야기를 해줄 거예요."

내가 제시카에게 말했다.

"정말요?"

그녀는 케이시를 쳐다보았다.

"그럼요. 해변으로 돌아가서 해줄게요. 기대하세요."

케이시는 미소를 지으며 답했다.

우리는 잠깐 호누호누를 쳐다보았다. 호누호누는 물속에서 아주 쉽게 유영을 하고 있었다. 파도가 함께할 땐 미끄러지듯 수영을 했고, 흐름이 반대일 땐 조용히 기다렸다.

"썰물과 밀물."

나는 조용히 혼잣말을 했다. 에마가 그 말을 듣고는 뒤를 돌아 나에게 물었다.

"그게 무슨 말이에요?"

"물의 움직임. 조류가 널 밀어주고, 앞으로 나아가도록 안내해줄 때 조류를 타면 아무 노력도 하지 않아도 앞으로 갈 수 있단다. 하지만 조류가 반대 방향으로 흐를 때도 있어. 네가 가고 싶은 곳에서 멀어지도록 끌고 가지."

내가 설명했다.

"서핑을 마치고 해변으로 돌아갈 때처럼요. 처음엔 파도가 나를 밀어주지만, 해변에 도달할 즈음이면 파도가 날 다시 바다로 데려가려고 하니까요."

에마가 말했다.

"정확해."

"왜 그 얘기를 하시는 건데요?"

나는 고개를 끄덕이며 미소를 지어 보였다.

"잊지 않으려고. 앞으로도 계속 기억하려고. 해변의 파도처럼,
인생에도 항상 썰물과 밀물이 있거든."

나는 제시카를 흘긋 쳐다본 후 노을을 바라보았다.

"썰물에 있을 땐, 모든 게 잘못되어 가고 있는 것처럼 느껴져.
내가 가고 싶은 곳으로부터 뭔가가 날 멀리, 더 멀리 끌어당기고
있는 것 같거든. 하지만 썰물이 있으면 밀물도 있어. 항상. 잊기
쉽지만 꼭 기억해야 해."

나는 에마를 바라보며 웃었다.

"그러니까 엄청난 썰물 안에 있는 것처럼 느껴질 때 항상 되새
긴단다……."

"밀물도 온다고."

제시카가 조용히 말했다. 나는 그녀를 쳐다보며 고개를 끄덕
였다.

"딩동댕. 썰물과 밀물. 썰물과 밀물. 그저 이렇게 말만 해도 안
정이 돼. 밀물이 온다는 걸 다시 기억할 수 있으니까."

태양이 거의 지평선 아래로 가라앉아 버렸다.

"돌아갈 시간이다. 코코넛."

"두 번만 더. 두 번만 더 타면 안 돼요?"

에마가 아빠를 돌아보며 말했다.

"딱 두 번이야."

마이크는 웃으며 말했다. 그는 파도를 흘긋 바라보았다.

"첫 번째 파도 온다."

큰 파도가 다가오고 있었다. 마이크와 에마는 서핑보드 방향을 돌려 노를 젓기 시작했다. 에마는 고개를 돌려 우리 쪽을 바라보곤 소리 질렀다.

"안 타세요?"

"다음 거 탈게."

케이시가 큰 소리로 답했다. 파도는 우리 밑을 지나갔고, 에마와 마이크가 파도를 잡고 서핑보드 위에 일어서서 신나게 외치는 소리가 들려왔다.

"준비됐어요?"

케이시가 물었다. 또 다른 커다란 파도가 우릴 향해 다가오고 있었다.

"이 파도는 양보할게요. 나는 작은 거로."

내가 대답했다.

"저도요."

제시카가 말했다.

"해변에서 만나요."

케이시가 말했다. 그녀는 노를 젓기 시작했다. 파도가 우리 밑을 지나갔고, 잠시 후 우리는 케이시가 보드에서 일어나서 해변을 향해 멋지게 내려가는 것을 보았다.

제시카는 고개를 돌려 바다를 바라보았다.

"너무 멋진 하루예요. 오늘 아침에 카페에 남아 있으라고 설득해 줘서 고마워요."

"뭘요."

나는 고개를 끄덕이며 말했다. 우리는 잠시 함께 바다를 바라보았다.

"있죠, 저는 인생이 마음에 안 들어서 포기하고 싶을 때가 있었어요."

내가 드디어 말을 꺼냈다.

"무슨 말이에요?"

"월요일 아침 직장에 앉아서 시간을 금요일 오후로 빠르게 돌려버리고 싶었어요. 매주 5일이라는 시간을 포기하고 싶었어요. 내가 좋아하는 날들로 가려고요."

나는 팔을 뻗었다.

"이걸 매일 할 수 있다는 걸 알게 되면 그런 생활은 상상하기 힘들죠."

"나만의 놀이터에서 놀수록, 그 바깥으로 나가기 싫어지는 것 같아요."

제시카가 미소를 지으며 덧붙였다.

"미안해요. 저만의 '아하!' 책에서 뭔가를 깨달았어요, 방금."

"그게 뭔데요?"

"내가 일주일에 한 번만이라도 바다에 나갔다면, 내가 바다를 얼마나 사랑하는지를 잊지 않았을 텐데. 그러면 내 인생을 조율할 수 있었을 텐데. 하지만 6개월 동안 가지 않다 보니, 제가 뭘 놓치고 있었는지조차 몰랐어요. 그래서 별로 좋아하지도 않는 것들로 시간을 채우면서 살았던 거죠."

그녀는 나를 바라보았다.

"여행을 하면 바로 그렇게 되는 거죠? 여행에서 얻은 에너지로 다시 여행을 떠날 때까지 한 해를 버틸 수 있는 거잖아요."

나는 고개를 끄덕였다.

"그렇죠. 거기다가 보완도 해요. 여행에서 돌아오면, 가장 좋았던 부분들을 상기시켜 주는 수백 장의 사진을 인쇄해요. 사진 뒤에 테이프를 붙여서 벽에 고정시켜 두죠. 사실 사방에 붙여놓아요. 그래서 이를 닦거나, 스트레칭을 하거나, 아침을 먹을 때 계속 보면, 그때 느꼈던 에너지를 느낄 수 있거든요."

나는 웃으며 말을 이어갔다.

"물론 주말을 이용해 작은 여행도 다녀오곤 해요. 모험을 즐기기 위해 1년 내내 기다릴 필요는 없으니까요."

"당신처럼 살고 싶네요."

그녀는 미소를 지으며 말했다.

"그러세요. 지금 이 순간에도 수천 명이 당신이 원하는 그런 삶을 살고 있어요. 그들 중 하나가 되면 어떨까요?"

내가 대답했다.

"그런 식으로 생각해 본 적이 없는 것 같아요."

"누군가는 지금 아프리카에서 코끼리를 보고 있어요. 누군가는 사업을 시작하고 있고, 혹은 다시 학업에 정진하거나 아이들과 시간을 더 보내길 선택하고 있고요. 그게 당신이 될 수도 있죠."

"저도 될 수 있다……."

그녀가 말했다.

"저번에 카페에 왔을 때, 케이시가 수학으로 저를 흔들어놨거든요."

내가 말했다.

"정말요?"

제시카가 웃으며 말했다.

"진짜요. 하루 중 20분을 스팸메일 같은 걸 확인하는 데 소비

한다면, 내 인생에서 1년을 허비하는 꼴이라고요. 그게 제게 영감을 주었어요. 저도 제가 항상 마음에 새기는 또 다른 수학 문제로 당신에게 영감을 줄게요. 사람들 대부분은 함정에 빠지게 돼요. 인생의 목표가 돈을 버는 것, 돈을 모으는 것, 그리고 65세에 은퇴를 하면 그 이후의 삶을 즐기는 것이라고 생각해요. 근데 평균 기대수명은 약 79세예요. 그 말인즉슨, 그 목표대로 하면, 인생의 14년을 아주 좋은 것들로 채우게 된다는 말이죠. 하지만 그 14년이 모두 다 반짝반짝 빛나는 날들이 되는 건 아니에요. 병에 걸리거나, 거동하기 힘들어지거나, 친구들이 세상을 떠나거나……. 물론 65세 이후에 놀랍도록 활동적이고 꽉 채워진 인생을 살 수도 있죠. 하지만 항상 행복하고, 미소 짓고, 광고에서 보여주는 걱정 없는 얼굴로 살 수만은 없는 게 현실이에요. 나이가 따라잡거든요."

"지금도 따라잡고 있죠."

제시카가 말했다. 나는 고개를 끄덕였다.

"그 누구도 당신의 오늘을 빼앗아 갈 수 없어요. 이렇게 서핑하며 즐기고 이야기를 나누는 좋은 날을……. 노을과 녹색 바다거북 등 오늘 경험한 이 모든 게 영원히 당신 거예요. 이걸 은행에 넣은 거예요. 65세 이후에 어떤 일이 일어날지는 상관없어요. 저는요, 시스템이 거꾸로 간다는 걸 알았어요. 사람들 대부분은 미래에 대한 불안에 사로잡혀 있어요. 그래서 좋아하지도 않는 직업으로 성공하기 위해 노력하며 참고 살죠. 사랑하는 사람과의 휴가를 포기하고, 주말을 포기해요…… 뭘 위해서 그럴까요? 나중에 그러한 노력에 대한 보상을 받을 수 있다는 희망 때문일까요? 글쎄요, 모든 게 다 계획대로 진행되었다고 상상해 봐요. 65세에 모든 것에서 은퇴하고 좋아하는 걸 하며 사는 생활을 시작해요. 일주일의 5일이 이제 온전히 자기 시간이 되는 거잖아요. 그럼 5일×52주×14년을 가지게 되는 거죠. 그 합은……."

"계산해 볼게요."

제시카가 말했다. 그녀는 그녀의 서핑보드에 물을 뿌리곤 물방울에 풀이를 시작했다.

"3천, 600, 40일. 엄청 많은 날처럼 들리네요."

"곧 그렇지 않게 들릴 거예요."

"좋아하는 것을 하며 돈을 번다면 며칠을 갖게 되죠?"

"서핑처럼요."

그녀가 말하며 미소를 지었다.

"현재도 이 세상 어딘가에 서핑을 하며 돈을 버는 사람들이 있어요. 범위를 넓혀서 서핑과 관련된 일을 하며 사는 사람으로 확대하면 수만 명에 달해요. 회계, 그래픽디자인, 사진, 제품 개발, 이벤트 홍보, 마케팅 등 상상할 수 있는 수천 가지 일이 다 가능해요."

내가 말했다.

"제가 될 수도 있겠죠."

제시카가 말했다.

"당신도 될 수 있고, 저도 될 수 있고, 원하는 누구나 될 수 있죠. 그럼 그들은 며칠이나 좋아하는 걸 하며 살까요?"

내가 물었다. 제시카는 그녀의 서핑보드에 물을 더 뿌렸다.

"어디 보자, 스물두 살부터 예순다섯 살까지는……"

"사실 스물두 살부터 일흔아홉 살까지예요. 그 사람들은 자기 일을 엄청 아주 잘해요. 나이가 들어서도 계속할 수 있으니 죽을 때까지 하겠죠."

제시카는 다시 계산했다.

"1만 4천 820!"

"아까보다 네 배나 더 많아요. 그리고 인생을 즐기기 위해서 은퇴 시점까지 기다릴 필요도 없어요."

"그런데 그쪽은 왜 그렇게 살지 않나요? 1년 일하고 1년 쉬신다면서요."

"글쎄, 단계적으로 가는 과정을 밟고 있는 거 아닐까요. 처음에는 하는 데까지 해보고 1년을 쉬는 거였어요. 지금은 1년 일하고, 1년을 쉬는 방식이죠."

나는 미소를 지어 보였다.

"적극적으로 제가 진짜 좋아하는 완벽한 일을 찾지 못한 거죠. 격년으로 여행을 다니며 일을 하는 동안에도 열심히 기록을 남겼어요. 하지만 이곳으로 돌아와서야 영감을 얻었어요. 이제 다음 단계로 갈 때가 된 것 같아요."

제시카는 미소를 지었다.

"누군가 그렇게 살고 있고, 이제 당신이 그 차례라는 걸요?"

나는 웃었다.

"그래요. 내 차례일지 모르죠."

# 아이에게 배운다

"진짜 재밌다! 조금 전 마지막 파도 잡는 거 보셨어요?"

에마가 말했다. 에마와 마이크는 멋진 파도를 탄 후, 한 번 더 타기 위해 팔을 저어 돌아왔다.

"제시카 아줌마, 마지막 서핑은 저랑 같이 하실래요? 작은 파도로요."

에마가 물었다. 제시카는 미소를 지었다.

"네, 코치님. 언제 준비해야 하는지 알려주세요."

마이크는 에마의 서핑보드를 툭툭 쳤다.

"코코넛, 서핑 다 하고 밤에 4인용 루아우(하와이식 만찬─옮긴이) 먹을까? 해변에 불 피우고 앉아서."

"응, 완전 좋아!"

에마는 서핑보드를 옆으로 흔들며 대답했다.

"소피아랑 투투 초대해도 돼?"

"좋지. 그럼 6인분으로 해야겠네."

"완전 맘에 드실 거예요, 제시카 아줌마. 진짜 재미있어요. 맛있는 거 먹고, 별 보고, 춤도 추고!"

제시카는 춤이라는 대목에서 잠시 머뭇거렸다.

"꼭 추실 필요는 없어요."

마이크가 말했다.

그녀는 미소를 지으며 대답했다.

"아니에요. 저…… 저도 하고 싶어요."

그녀는 나를 바라보며 말을 이어갔다.

"누군가 오늘 밤 루아우 나이트를 즐기겠죠? 그게 제가 될 수도 있고요."

나는 미소를 지었다.

"그럼요. 당신이 될 수 있죠."

"방향을 바꿀 때가 왔어요."

에마가 제시카의 서핑보드를 툭 치며 말했다. 제시카는 다가오는 파도를 흘긋 바라보았다.

"알겠습니다, 코치님."

에마와 제시카는 서핑보드를 돌려 팔을 젓기 시작했다.

"해변에서 만나, 아빠."

에마가 어깨 너머로 말했다.

"그래. 케이시 아줌마한테도 루아우 한다고 전해줘."

마이크가 대답했다. 파도가 우리 밑을 쓸고 지나갔다. 에마와 제시카가 보드 위에 일어서서 해변을 향해 서핑을 하면서 웃는 소리가 들려왔다.

"어떻게 하면 저렇게 키울 수 있어요? 마이크. 저 아이는 정말 특별해요."

내가 물었다. 그는 미소를 지어 보였다.

"고마워요. 엄청난 경험이었어요. 이전에도 말했듯이, 애를 키우는 건 모든 사람을 위한 길은 아니에요. 사람들에게는, 각자 존재의 목적에 부합하는 모험이 있지요. 하지만 이 길이 나에게는 대단히 의미 있는 모험이었어요."

"에마와 같이 즐겁게 지내는 걸 보고 있으면, 그게 다른 사람들의 모험에는 맞지 않을 수도 있다는 게 믿기지 않을 정도예요."

내가 대답했다.

"그건 아마 이게 나에게도 맞겠구나 싶은 느낌을 받고 있기 때문일 거예요."

마이크는 웃으며 말했다.

"그런 생각은 해본 적 없지만 최근 몇 년 동안, 궁금해지기 시작했어요. 특히 에마를 보고 있으면…… 더 궁금해져요. 정말 걸으로 보이는 것만큼 행복한가요?"

마이크는 고개를 끄덕였다.

"인생 대부분의 요소가 그렇듯이 모든 것은 내가 허락하는 만큼 행복을 가져다주죠. 아빠가 되기 전에, 나는 내가 되고 싶은 부모의 유형을 의식적으로 선택했어요. 몇 가지 측면에서요. 그것이 나를 잘 이끌어주었지요."

"예를 들면?"

"글쎄, 첫 번째는 아이에겐 고유한 영혼이 있다는 걸 인식하는 거예요. 자식을 나의 일부나 나의 소유로 생각하고 싶은 마음이 굴뚝같지만, 에마에게는 고유한 인격이 있어요. 에마는 자신만의 기와 자신만의 길을 가지고 태어났어요. 생물학적으로는 내가 아빠고 에마는 제 딸이지만 에마가 태어나고 나서 처음으로 내 품에 안았을 때, 에마는 그 이상의 존재라는 걸 알았어요. 에마는 에마인 거죠. 에마 고유의 모험을 품고 이 세상에 도착한 거예요."

그는 어깨를 으쓱했다.

"이해가 될지 모르겠네요. 아마 저도 직접 경험해 보기 전까지는 이해할 수 없었을 것 같아요. 이런 거예요. 에마는 내 딸이고, 난 아이를 위해서 필요하다면 목숨도 내놓을 수 있어요. 하지만 전 에마를 소유하고 있는 게 아닙니다. 에마를 돌보고 곁에 있어 줄 수 있는 사람이 되었다는 큰 선물을 받았을 뿐이죠."

"그리고 가르치기도 하고요?"

내가 물었다.

"때로는요. 우리 모두 여러 역할을 동시에 하며 살아요. 그러니 가끔 선생님 역할을 하기도 하지요."

그는 미소를 지어 보이며 말을 이었다.

"그리고 에마는 제가 주는 것보다 더 많은 선물을 제게 주고, 제가 에마에게서 배우기도 한답니다."

"정말요? 한 번도 아이에게 배울 수 있다고 생각해 본 적이 없는 것 같아요."

내가 말했다.

"마음을 열어야 가능합니다. 많이 내려놓아야 해요. 부모니까 내가 아이보다 훨씬 더 많은 것을 알고 있다고 확신하려는 자존심, 문화, 사회적인 분위기가 있죠. 우리 사회에 여전히 존재하는 표현에서도 잘 드러나죠."

"아이들은 부모 말을 잘 듣고, 어른들 앞에서 얌전히 굴어야 한다."

내가 바로 말했다. 마이크는 고개를 끄덕였다.

"완벽한 예네요. 아이의 의견이나 생각이 어른의 생각만큼 중요하지 않다는 의미죠. 하지만 완전히 틀린 생각이에요. 오히려 사람 대 사람으로 소통할 수 있도록 열어주어야 해요. 더 나아가 영혼 대 영혼으로 소통한다면, 공유하고 배울 수 있는 게 너무나도 많습니다."

그는 미소를 지었다.

"에마가 다섯 살이었을 때, 에마를 아프리카에 데려갔어요. 에마는 스스로 계획을 잘하는 성격입니다. 해변에서 신나게 놀고 있는데 에마에게 당장 가야 한다고 말하면, 그 순간 아이는 스트레스를 받고 그에 따른 반응을 해요. 하지만, 내가 5분 후에 여길 떠날 거라고 미리 말해주면, 장난감을 챙기면서 돌아갈 준비를 하지요."

"공감이 되네요. 나도 그런 방식을 좋아해요."

내가 말했다.

"저도 그래요. 나를 닮아 그럴지도 몰라요. 하지만 날 꼭 닮은 거라고도 생각하지 않아요. 에마의 그런 성격은 날 때부터 이미 주어진 채로 내게 왔다고 생각해요. 에너지를 잘 감지하는 천성을 타고났는데 스트레스에서 오는 에너지는 싫어하는 거죠."

마이크가 말을 이어나갔다.

"어쨌든, 에마가 그런 성격이라는 걸 알게 된 이후로, 아프리카에 가기 전에 그곳에 가려면 주사를 맞아야 한다고 미리 알려줬어요. 그랬더니 그런 접근 방식이 완전히 역효과를 낸 것 같았어요. 주사 맞기 싫어서 아프리카에 아예 안 가겠다고 하더라고요."

"그래서요?"

그는 미소를 지었다.

"우리가 서로에게 배울 수 있는 발판을 마련하는 계기가 되었어요. 에마가 가기 싫다고 말했을 때 내 마음 한구석에서 순간적으로 화가 났어요."

"정말요?"

내가 놀라운 듯 물었다.

"뭐랄까 내 안에서 굳어진 오래된 타성이 드러났던 것 같아요. 내가 예상하지 못한 상황 전개에 화가 나는 건 사실 꼭 그렇게 진행되는 게 정답이 아닌데도 어렸을 때부터 경험했거나 어디선가 본 적이 있어 무의식 속에 자리 잡은 오래된 타성일 뿐이에요."

마이크가 대답했다.

"화가 날 때 사실은 뭔가가 두려웠던 거죠?"

내가 마이크에게 물었다.

"맞습니다. 훌륭해요."

그는 대답하고 미소를 지어 보였다.

"아마 '아하!' 책에 담긴 교훈에 들어 있는 거겠죠? 맞습니다. 모든 분노는 두려움의 발현입니다. 내가 순간적으로 화가 난 이

유는 아프리카에 가지 못할지도 모른다는 두려움에서 온 것이었
어요."

"그래서 어떻게 했어요?"

"음, 인생에서 중요한 결정을 내려야 하는 순간이 바로 그런
순간이죠. 내가 주도적으로 부모 역할을 맡아 아이에게 훈계를
하려 들 수도 있고, 아무 생각 없이 화를 내고 두려움을 현실화할
수도 있고요."

마이크는 화가 난 것처럼 목소리 톤을 바꿨다.

"아프리카로 여행할 수 있는 게 얼마나 행운인지 알아? 얼마
나 많은 아이가 그런 곳에 가서 동물들을 볼 수 있겠어? 근데
넌 불만만 쏟아내고 있고! 알았어! 우린 아프리카에 안 가! 그
러고 다시는 네가 제일 좋아하는 동물 텔레비전 쇼 못 볼 줄 알
아······."

"그냥 연기만 하는 거 다 아는데도 듣는 사람에게 상처가 되네
요."

그는 고개를 끄덕였다.

"맞아요. 난 어떤 부모가 될 것인가 고민할 때, '그런 부모는 되
지 말아야지'라고 결심했었죠."

"그래서 어떻게 했어요?"

"에마가 가기 싫다고 말했을 때, 에마를 안아서 무릎 위에 앉
혀놓고 팔로 에마를 감싸 안았어요. 그리고 차분하고 조용한 목

소리로 에마의 마음을 이해한다고 말했지요. 아빠도 주사를 싫어한다고, 그렇지만 에마같이 모험을 좋아하는 사람이 작은 일 때문에 큰일을 놓쳐서는 안 된다고 설명했어요. '주사를 맞는 건 즐거운 일은 아니지만 그리 오래 걸리지도 않아. 5초면 돼. 팔이 좀 아프긴 하지.' 그렇게 말했죠."

그는 미소를 지었다.

"그리고 '게다가 주사를 맞으면 아프리카에 갈 준비가 완료된 거니까 축하하는 의미에서 아이스크림을 사러 갈 거야. 중요한 건, 아프리카에 가서 직접 동물들을 만나는 것과 비교하면 주사를 맞는 건 너무나도 작은 일이라는 거야'라고 덧붙였어요."

"조곤조곤 설명을 해주셨군요?"

"네. 그리고 에마의 생각을 물어봤어요."

"그랬더니 맞겠대요?"

그는 고개를 끄덕였다.

"사실, 그런 비슷한 상황은 거의 매일 발생해요. 우리가 다른 사람과 상호작용을 할 때, 부모 자식 사이거나 친구들 간, 상사와 부하직원 사이 등……. 매 순간, 매일, 우리는 시간을 들여 상대방과 소통하고 상대방의 관점에서 바라보는 길을 선택하거나 두려움이 분노가 되도록 내버려두고 우리가 원하는 대로 불도저처럼 밀어붙여 길을 만들 수도 있지요."

"그래서 결국 아프리카에 가게 되었군요."

"그리고 아프리카에 가서 에마는 나에게 정확히 똑같은 걸 가르쳐줬어요."

"정말요?"

나는 웃으며 말했다. 그는 고개를 끄덕였다.

"네. 아프리카에서는 정말 즐거웠어요. 하지만 매 순간이 항상 즐거울 수는 없겠죠? 하루는 종일 운전하느라 너무 피곤한 날이었어요. 4주 동안 운전하며 여기저기를 다녔는데, 유독 그날은 힘들고, 위험하고, 덜컹거리는 도로를 다섯 시간이나 달렸어요. 그리고 마침내 도착한 캠핑장은 생각보다 훨씬 외진 곳이었고 부대시설이 거의 아무것도 없었어요.

날은 어둑해지고 밤이 되기 전에 그날 쉴 곳을 제대로 찾을 수 있을지 걱정이 됐어요. 게다가, 먹을거리를 살 만한 곳이 있을 줄 알았는데, 하나도 없더라고요. 가지고 다니는 짐 중에 먹을 게 좀 있었지만, 에마에게 뭘 먹여야 하나 걱정이었어요.

그러다가, 겨우 자리를 찾아 텐트를 치는데, 앵커봉이 제대로 서질 않는 거예요. 세 번 연속으로 텐트가 무너졌어요. 그러자 인내력이 바닥나고 그날 하루가 무너지는 것 같았어요. 그 순간…… 깊은숨을 들이쉬면서 마음을 진정하려고 그 자리에 그냥 서 있었는데, 에마가 다가와서 팔로 내 다리를 감쌌어요. 내가 느끼는 좌절감을 에마도 느끼고 나에게 괜찮냐고 물어보더라고요. 그래서 텐트 때문에 속상하다고 했어요.

에마가 열정적이고 작은 목소리로 말했어요. '아빠, 작은 일 때문에 큰일을 놓쳐서는 안 돼. 텐트를 치는 건 작은 일인데 여기 아프리카에 온 건 큰일이잖아. 우리는 텐트를 꼭 세울 거고. 일단 이 아프리카까지 와서 동물들도 보고 다른 많은 것도 볼 수 있으니까 일단 고맙다고 생각해야 할 것 같아. 다른 사람들은 못 하는 걸 우린 지금 하고 있으니까.'"

마이크는 고개를 저으며 웃음을 터뜨렸다.

"말만 완벽한 게 아니었어요. 그 방식도 완벽했어요. 정말 사실적이고, 사랑스럽고, 열정적이고 지혜로웠어요. 하지만 동시에 다섯 살짜리 아이 입에서 어떻게 그런 말이 나오나 싶어서 에마를 안고 빙글빙글 수십 번을 돌았죠. 에마가 '더 해줘, 더'라고 할 때마다 계속 돌았어요."

"그래서 결국 텐트를 세웠어요?"

내가 물으며 미소를 지었다.

"텐트도 세우고, 음식도 구하고, 잠도 잘 자고, 그다음 날도 모험을 계속했어요."

마이크가 대답했다.

"화를 내거나 절망에 빠진 모습, 상상조차 안 되는걸요. 마이크는 제가 볼 때마다 항상 차분한 모습이거든요. 그 어떤 것에도 감정이 휘둘리지 않는 분처럼 보이고요."

그는 미소를 지었다.

"그게 아마 내가 가장 좋은 상태에 있을 때의 모습일 거예요. 어떤 의미에서 매 순간 그렇게 되려고 노력하는 진정한 나의 모습인 거죠. 가능한 한 그 상태를 유지하기 위해 최선을 다하며 살아요."

그는 어깨를 으쓱했다.

"하지만 내 컨디션이 최고가 아닐 때도 있어요. 그땐 나 자신이 스스로 참 마음에 안 들죠. 그래서 의식적으로 그런 기운에 오래 빠져 있지 않도록 노력해요."

"어떻게요?"

"그 순간의 관찰자가 되는 거예요. 그 순간 참여자에서 벗어나 관찰자가 되는 거죠."

# I A SAGE

에마와 제시카는 각자 서핑보드를 옆에 끼고 카페를 향해 걸어갔다. 태양은 지평선 아래로 완전히 가라앉았고 구름에 그려진 분홍빛이 점점 사라지고 있었다. 제시카는 뒤를 돌아 바다를 바라보았다.

"고마워 에마. 오늘은 내 인생에서 최고의 날이야."

그녀가 미소를 지으며 말했다.

"와! 내일도 같이 해요."

제시카는 웃음을 터뜨렸다. 진실한 웃음이었다.

"하고 싶은 걸 해요. 하기 싫은 건 하지 마요. 아빠가 그렇게 가르쳐줬어요. 완전 맞는 말이고요. 서핑을 좋아하시니까 또 서핑하면 돼요."

에마가 말했다.

"좋은 충고예요. 코치쌤."

제시카가 대답했다. 그녀는 아름다운 하늘과 바다를 올려다보았다.

"서핑에 대한 마지막 조언 하나 부탁할까요? 코치쌤."

에마는 잠시 생각하더니 말했다.

"글쎄요, 서핑을 처음 하시는 거니까, 이건 기억하면 좋을 것 같아요. 아빠가 제가 어릴 때 알려주신 건데 항상 기억하고 있어요."

제시카는 속으로 웃었다. 아직 어린 일곱 살짜리 아이가 "어릴 때"라고 말하는 게 웃겨서였다.

"들을 준비 됐습니다. 코치쌤."

제시카가 말했다.

"좋아요. 세 단어만 기억하면 돼요. 각 글자가 의미하는 것이 있어요. 문법적으로 맞지 않는 단어도 있지만 괜찮아요. 기억하기 쉬우려고 만든 거니까. 그 단어는 'I a sage(나, 현자)'예요."

"I a sage?"

"네. 처음에 아빠가 얘기해 줄 때는 무슨 말인지 몰랐어요. 하지만 아빠가 현자는 지혜로운 사람이라고 말해줬어요. 그래서 말이 되는 것 같았어요. 이걸 기억하면, 도움이 아주 많이 되거든요. 꽤 지혜로운 사람이 되는 거죠."

제시카는 미소를 지으며 말했다.

"그래, 'I a sage'는 뭐의 약자야?"

"I는 나이기도 하지만 'I=Intuition' 즉, '직관'을 의미하기도 해요. 위대한 서퍼들은 파도를 잡고 타는 직감이 대단해요. 그들은 파도와 한 몸이 돼요. 초보자를 보면 직관을 전혀 사용하지 않아요. 한 걸음 한 걸음을 걱정하고, 다음엔 뭘 해야 하지 생각하고, 엄청 많이 넘어져요!"

제시카는 웃음을 터뜨렸다.

"이해했어. 그게 I구나."

"a는 'always another', 즉 '항상 또 다른' 파도를 뜻해요. 우리 아빠는 파도를 놓쳐서 화를 내면, 그렇게 화를 내는 동안 두 번째 파도도 놓친다고 말했어요. 정말 좋은 파도를 놓치면 그 파도의 모습에 감탄하고, 그 파도를 볼 수 있어서 행복하다고 생각하면 돼요. 파도를 놓쳤다는 생각에 후회만 하며 앉아 있지 말고요. 항상 또 다른 파도가 오거든요."

"항상 또 다른 파도. 그것도 이제 알겠네."

"s는 'start small', 즉 '작게 시작'해서 차근차근 올라가라는 뜻이에요."

"오늘 코치쌤이 가르쳐주신 것처럼 말이지."

"맞아요. 처음에 아빠는 저를 흰 파도 부분에서만 가르쳐줬어요. 오랫동안 그냥 거기서 했죠. 그러다 익숙해져서 진짜 파도를

223

타보고 싶었어요. 그때 아빠가 작은 파도부터 시작하게 했어요. 그러다 그게 익숙해지면 큰 파도를 타는 거죠. 이젠 파이프라인을 하고 싶은데…… 아직은 안 돼요."

제시카는 고개를 끄덕였다.

"파이프라인 너무 멋지지. 위에선 작은 파도가 부서지고 그 작은 동그라미 안에서 파도를 타는 느낌이 어떨지는 상상도 안 돼. 정말 엄청난 자신감과 통제력으로 자유를 향해 나아가는 그 모습."

에마는 고개를 끄덕였다.

"정말 멋지죠. 그래서 제가 하고 싶은 거예요. 더 노력해서 반드시 하고 싶어요. 그걸 너무 빨리 도전했다 실패한 어른을 몇 명 만났는데, 그 어른들은 완전 무너졌어요. 근데 그렇게 무너지고 나면 다시 시도하질 않아요. 아직 젊은 데도요!"

제시카는 미소를 지었다.

"그다음 'a=ask'는 '질문'을 뜻해요. 저는 제 친구 소피아와 항상 질문을 해요. 최고의 서퍼들을 만나면 조언을 구하죠."

"그럼 그 사람들이 조언을 해줘?"

"항상 해주지는 않아요. 아예 무시하는 서퍼도 있어요. 하지만 대부분은 친절하게 대답해 주세요."

에마는 어깨를 으쓱했다.

"작은 일로 인해 큰일을 놓칠 순 없죠. 친절하지 않은 사람을 만나는 건 작은 일이에요. 처음엔 기분이 살짝 안 좋지만, 이제는 그냥 그 옆에 있는 사람한테 가서 물어봐요. 엄청난 파도를 타는 건 대단한 일이에요. 불친절한 사람 때문에 그걸 포기할 수는 없죠."

"맞는 말이네. 그럼 g는 뭐를 뜻하지?"

"g는 마지막을 위해 아껴둬도 될까요? 제가 제일 좋아하는 거라서."

제시카는 미소를 지었다.

"그래. 마지막까지 아껴두자. 그럼 e는?"

"e=every는 '모든'을 뜻해요. 아무리 대단한 서퍼라도 보드에 설 줄도 모르던 시절이 있어요. 정말 잘하는 서퍼들을 보면 초보 시절이 있었으리라고는 상상하기 힘들지만 사실이에요. 그 사람들도 처음엔 보드에서 일어설 줄도 몰랐어요. 그 말인즉슨, 나도 할 수 있다는 뜻이에요."

제시카는 고개를 끄덕였다. 전문가가 되는 방법에 대해 존이 했던 말이 떠올랐다.

"좋아요, 코치님. 그래서 가장 좋아하는 g는 뭐죠?"

에마는 미소를 짓고 배 속 깊은 곳에서부터 소리 내 말했다.

"g. 서핑하는 날을 망치는 유일한 방법은 서핑을 하러 가지 않는 거예요. 그러니 Go!=가요! 행동으로 옮겨야 해요."

그러고는 에마는 작게 행복의 춤을 추었다.

제시카는 웃음을 터뜨렸다.

"아줌마도 해피 댄스 같이 춰요. 이건 '고 서핑 셔플'이란 춤이에요. 제가 만들었어요. 모든 스텝을 정확히 밟지 않아도 돼요. 그냥 최선을 다하면 돼요."

에마가 말했다.

제시카는 발을 들어보았다. 자유로운 영혼으로 편안히 춤을 추는 에마에 비해 굉장히 어색하게 느껴졌다. '그냥 하자.' 그녀는 생각했다. '그냥 해보자!' 그러고 나서 몇 분간, 그녀는 아주 자연스럽고 편안하게 에마와 함께 고 서핑 셔플 춤을 추었다.

# 참여자와 관찰자

하늘이 어두워지고 있었다. 곧 깜깜해질 것이었다. 마이크가 희미해지는 지평선을 흘긋 바라보며 말했다.

"한 번 더 갈까요?"

아, 우린 지금 서핑 중이었지……. 하지만 어떤 순간에 참여자가 아니라 관찰자가 된다는 말에는 묵직한 의미가 들어 있는 것 같아 질문을 던졌다.

"관찰자가 되는 사례, 간단한 예시가 하나 있을까요? 그러고 나서 파도를 잡으러 가죠. 왠지 좋은 사례를 들려주실 것 같다는 예감이 들거든요."

내가 물었다. 마이크는 자기 보드에 물을 뿌리곤 미소를 지어 보였다.

"그래요. 짧은 걸로 하나 할게요. 내가 가장 이상적인 순간에 있는 경우 말고, 나만의 '아하!'에 있는 걸로.

에마와 함께 호주에서 캠핑카를 빌려 다닌 적이 있었어요. 밤에 차에서 잠도 잘 수 있는 캠핑카였어요. 그전에도 캠핑을 여기저기 많이 다녔는데, 순탄했고 좋았어요. 그래서 이번엔 캠핑카에 도전해 보자고 생각했었죠. 재미있는 아이디어처럼 보였어요. 그리고 누군가에게는 아주 잘 맞을 수도……."

"근데 아니었군요."

그는 고개를 저었다.

"우리에겐 아니었어요. 잠을 잘 수가 없었어요. 정확히 왜인지는 모르지만, 공간이 너무 좁기도 했고 침대가 불편했어요. 가장 최악이었던 건, 우리 둘 다 한밤중에 일어나 화장실을 가야 하는 사람들이었다는 거죠."

"와 그건 정말 최악이었겠네요."

"한밤중에 캠핑카에서 나와 화장실까지 가야 하는 상황이 되니까 너무 힘들었어요. 여행하면서 여러 가지 힘든 상황을 많이 맞닥뜨려 봤지만, 그리고 극복도 잘해왔지만 캠핑카와는 맞지 않았어요."

마이크가 말했다.

"그래서요?"

"에마는 그래도 정말 대견했어요. 불평 한번 하지 않고 항상

긍정적인 태도였죠. 하지만 한밤중에 일어나서 화장실까지 걸어
가는 걸 반복한 지 3주쯤 됐을까 어느 날 밤 에마가 멘붕에 빠졌
어요. 새벽 2시에 일어나서는 달래줘도 계속 울었어요. 정말 요
란하고 엄청 시끄럽게, 세상이 떠나가도록 울었죠. 그 작고 비좁
은 캠핑카 안을 이리저리 둘러보며 에마의 신발을 찾아서 신긴
뒤에 에마는 여전히 울고 있는데 또 나는 허겁지겁 내 신발을 찾
아서 신었어요. 그리고 에마를 안고서는 화장실까지 5분 정도를
뛰듯이 걷는데 그동안에도 에마는 계속 미친 듯이 울어댔어요."

그는 머리를 저었다.

"주차장에는 우리뿐 아니라 다른 캠핑카도 많았거든요. 한밤
중에 우는 소리에 잠에서 깨는 건 정말 누구라도 짜증이 날 일이
죠. 근데 새벽 2시에 애가 울어대니 난 어쩔 줄을 몰랐어요. 에마
가 우는 소리에 사람들이 깰까 봐 간이 다 쪼그라들었어요."

나는 고개를 끄덕였다.

"그래서 어떻게 했어요?"

"일단 화장실에 가면 애가 울음을 그치고 진정할 줄 알았는데,
그렇지 않았어요. 에마답지 않게 계속 울면서 칭얼댔어요. 더 이
상 감당할 수가 없었죠."

마이크는 고개를 저었다.

"그래서 절대 하기 싫은 짓을 했어요. 좋지 않은 선례가 될 것
같아서 정말 하기 싫었던 짓을. 하지만 나는 캠핑장에 있는 사람

들이 깰 걱정에, 에마가 좋아하는 것들을 뺏으면서 겁을 줬어요.
그만 울게 하려고. 내 목소리는 아주 낮았지만, 직설적이었어요.
울음을 그치지 않으면, 다음 날 제일 좋아하는 인형을 가지고 놀
지 못 하게 하겠다고 말했어요."

"그게 먹혔어요?"

"전혀요. 오히려 더 크게 울었어요."

마이크는 어깨를 으쓱했다.

"그래서 나도 수위를 높여서 당장 울음을 그치지 않으면, 다음
날 동물보호구역에 가지 않겠다고 협박했어요. 에마가 일주일
내내 기대하고 있던 거였는데."

"그래서요?"

"더 심하게 울더군요"

마이크는 자기 보드에 물을 튀기고 머리를 저으며 말했다.

"가장 안 좋은 모습을 보여준 거죠. 아빠라는 사람이 그런 짓
을 했으니."

"그래서 어떻게 됐어요?"

"에마가 눈에 들어왔어요."

나는 어리둥절한 표정으로 그를 바라보았다.

"무슨 말이에요?"

"강력하고, 초현실적이었고, 선물 같은 순간이었어요. 화장실
에 도착하자마자 에마를 변기 위에 앉혀놓은 상태였는데, 에마

는 아주 지쳐 있었고 나는 에마가 행여나 떨어질까 봐 에마 앞에서 무릎을 꿇고 앉아 에마를 잡고 있었어요.

계속 울면 동물보호구역에 가지 않겠다고 말할 때 거기서 그러고 있었던 거예요. 근데 그 순간, 내가 말을 하는 동안 뭔가가 달라졌어요. 내가 한 말인데 그 말이 마치 다른 사람이 하는 말처럼 내 귀에 들리더군요. 누군가가 내게 하는 말처럼 내 귀에 들리는 거예요. 그 순간 나는 현장의 참여자였지만 동시에 관찰자이기도 했던 거죠."

마이크는 머리를 작게 흔들더니 말을 이어갔다.

"그리고 그 관찰자의 역할 안에서⋯⋯."

마이크는 말을 멈추었다. 나는 그가 그때의 기억을 얼마나 현실적으로 떠올리고 있는지, 동시에 그때의 감정을 얼마나 고스란히 느끼고 있는지 알 수 있었다. 마이크는 다시 말을 하기 시작했지만 목이 메어오는지 쉽게 입을 떼지 못했다. 잠시 후 그는 나를 다시 바라보며 억지로 미소를 지었다.

"관찰자의 관점에서 보니까 작디작은 아이가 내 눈에 들어왔어요. 너무 용감하고, 항상 긍정적이지만 지금은 너무 지쳐 있는 아이. 그리고 에마의 정신과 영혼이 보였고, 에마가 겪고 있는 고통이 느껴졌어요. 나도 몰랐던 내 마음속 어딘가에서 그걸 생생하게 느낄 수 있었어요. 가슴이 미어지며 터질 것만 같았어요."

나는 고개를 끄덕였다.

"그래서 어떻게 했어요?"

"에마의 작은 볼에 흘러내리는 눈물을 닦고, 에마의 얼굴을 내 어깨에 기대게 하고는 이제 괜찮다고 달래줬어요. 다 괜찮다고. 아빠가 여기 있으니, 다 괜찮다고. 그리고 마음속에선, 내가 얼마나 바보 같은 아빠였는지 깨달았죠. 캠핑장 사람들한테 폐를 끼칠 걱정만 하느라 정작 나에게 가장 소중한 사람을 잊고 있었던 거예요. 에마는 팔을 내 목에 감았고, 난 폭발할 것 같은 연민과 사랑의 마음으로 에마를 가슴에 안았어요. 그리고 에마의 귀에 사랑한다고, 네가 내 딸이라 너무 행복하다고 속삭였어요."

마이크는 눈가에 고인 눈물을 닦았다.

"난 그 순간을 절대 잊지 못할 거예요. 난 그때까진 내가 꽤 괜찮은 아빠라고 생각했어요. 하지만 그날 밤 이후 항상 더 나은 사람이 되고자 노력하게 되었죠. 진정한 아빠로서 나의 행동을 경계하고 점검하며, 더 높은 기준을 달성하기 위해 항상 도전하는 아빠가 되려고 노력했어요."

그가 말했다.

"인생의 참여자이며 동시에 관찰자가 되어."

내가 말을 덧붙였다.

"정확해요. 입을 열기 전에 단 1초라도 생각을 해보고 말하기. 내가 하는 말이 어떤 영향을 미칠지 먼저 생각하기. 특히 좌절이나 분노의 감정에 휩싸인 순간에는 말을 뱉어내기 전에 더욱 경계하기. 순간순간 진행되는 상황을 객관적으로 보고 그 안에서 내 역할을 조율하기. 그렇게 참여자뿐만 아니라 관찰자 관점에서 동시에 상황을 보도록 노력하게 되었어요."

그는 미소를 지으며 덧붙였다.

"스스로에게 할 수 있는 정말 놀라운 선물이었어요. 내가 육체만 있는 존재가 아니라는 걸 깨닫는 순간이었죠. 나는 영혼이며, 어쩌다 보니 지금 이 육체에 살고 있을 뿐인 거죠. 그 깨달음과 함께 인생의 많은 두려움, 분노, 걱정, 좌절이 사라졌어요. 에마가 그날 밤 캠프장에서 내게 상기시켜 준 게 바로 그거였어요."

# 우주는 우리의 신념을 시험한다

마이크와 나는 그날 밤의 마지막 파도를 탔다. 우리가 해변에 도착했을 때, 에마가 경주마처럼 달려와 우릴 반겨주었다. 빛의 속도로 마이크에게 달려들며 팔을 넓게 벌려 아빠 다리를 감싸 안았다.

"안녕, 아빠."

마이크는 보드를 내려놓고, 에마를 들어 올려 볼에 뽀뽀를 했다. 그러고는 에마를 둘러업고 에마의 발목을 잡은 상태에서 고개를 뒤로 빙빙 돌리며 물었다.

"어, 에마 어딨지?"

마치 등에 업혀 대롱대롱 매달려 있는 에마가 보이지 않는다는 듯 물었다.

"아니 진짜. 존, 우리 에마 못 봤어요? 방금 전만 해도 여기 있었는데. 에마! 에마!"

그렇게 에마를 찾는 척했다.

"나 바로 뒤에 있어."

에마는 계속해서 낄낄 웃으며 답했다. 마이크는 에마를 어깨 너머로 돌려 앞쪽으로 안고는 말했다.

"오, 거기 있었구나. 방금 전엔 안 보이던데."

에마는 까르르 웃으며 마이크의 얼굴을 두 손으로 감쌌다.

"불 피웠어요. 소피아랑 투투도 온대요. 루아우 시간입니다."

에마는 아빠의 품에서 벗어나 바닥으로 뛰어내리더니 카페 방향으로 뛰어갔다.

"루아우 할 시간이래요."

마이크는 미소를 지으며 말했다. 우리는 서핑보드를 들고 카페를 향해 함께 걸었다. 캠핑장에서 마이크의 선택, 그리고 내가 지켜본 매 순간 그가 에마와 함께할 때 했던 선택들이 하나하나 모여서 결국 내 눈앞의 이런 순간으로 이어진 것이라는 생각이 스쳐 갔다.

마이크와 나는 잠시 아무 말 없이 걸었다.

"아까 말했던 캠핑장에서 했던 그 경험 외에, 아빠로서 했던 중요한 결심이라고 한다면 뭐가 있을까요?"

마이크는 잠시 생각하더니 답했다.

"에마가 태어났을 때 마음먹었던 건데, 절대로 아이에게 소리 지르지 않겠다는 거요."

"진짜요?"

소리 지르는 게 기본 의무인 것처럼 행동하는 부모들을 수년 간 봐왔기에 순간적으로 튀어나온 반응이었다.

"어른들이 자식한테 하는 행동 중에 가장 눈에 띄는 게 바로 소리치는 거죠."

그가 내 생각을 읽었다는 건 이제 그다지 놀랍지 않았다.

"그리고 많은 사람이 똑같이 하고요."

그가 덧붙였다.

"하지만 나는 다르게 하겠다고 선택한 거죠?"

그는 고개를 끄덕였다.

"네. 에마가 세상에 나왔을 때 난 바로 옆에 있었어요. 내가 에마를 받아 닦아줬고, 작은 머리를 쓰다듬어줬죠."

그는 미소를 지었다.

"에마는 아주 작아서 딱 코코넛 크기였어요. 하지만 연약한 아기가 존재감이 대단했죠. 태어나자마자 바로 눈을 떠서는 아주 차분하게 날 바라봤는데 마치 우주의 비밀을 품고 있는 듯한 눈빛이었어요. 그 순간 나는 마음을 먹었죠. 절대로 이 아이에게 언성을 높이거나, 소리를 지르지 않겠다고."

"되던가요?"

"에마가 이제 일곱 살인데 지금까지 한 번도 그런 적 없고, 앞으로도 그럴 일은 없을 거예요."

"에마가 잘못했을 땐 어떻게 해요?"

자식에게 소리를 지르지 않는다는 건 내겐 너무나 낯선 일이었다. 상상이 잘 가지 않았다.

"우리는 스스로를 어떻게 정의하느냐에 따라 본인의 행동을 받아들이죠. 에마가 태어난 날, 나는 절대 소리 지르지 않는 아빠라고 나를 정의했어요. 그래서 만약 내가 소리를 지른다면, 그건 아빠라고 하는 나의 캐릭터와 맞지 않고, 나라는 사람과도 맞지 않는 거예요."

나는 무슨 소린가 싶은 표정으로 마이크를 바라보았다.

"이렇게 생각해 보세요. 내가 나를 모험가라고 정의했다면, 집에서 나가지 않는 게 말이 될까요?"

나는 미소를 지었다.

"안 되죠."

"그렇죠. 그런 사람을 만약 누군가가 강제로 집에서 못 나가게 한다면, 편치 않겠지요. 정신적으로도, 육체적으로도, 지적으로도 견디기 힘들 거예요. 나 스스로를 모험가라고 정의했으면 모험길에 나서는 게 당연하겠죠. 그런 사람이 항상 집에 있는 건 받아들일 수 없을 거고, 스스로도 거부할 거예요."

"이해했어요. 본인 스스로 절대 소리 지르지 않는 아빠라고 정의했기 때문에, 소리를 질러버리면 마음이 편하지 않겠죠."

내가 답했다. 그는 고개를 끄덕였다.

"맞아요."

"그리고 우주는 우리의 신념을 시험하는 걸 좋아해요."

"어떤 식으로요?"

"예상하지 못한 일들이 연이어 터지는 바람에 지친 날. 그리고 그 예상치 못했던 일들로 스트레스를 받고 힘든 날. 그리고 이미 밤은 깊었는데, 오늘 해야 할 일은 아직도 남아 있고, 또 내일 해야 할 일이 산더미 같은 날⋯⋯. 근데 아이는 양치질도 안 하고 내 눈앞에서 삘삘 돌아다니는 그런 날, 우리는 시험에 드는 거죠."

"그럼 소리를 지르고 싶어지나요?"

"그렇죠. 그 상황 안에 쌓인 긴장감과 스트레스를 이기지 못해 거기서 빠져나올 손쉽고 빠른 방법을 찾게 되죠. 할 수 있는 한 가장 크게 소리를 지르면 주변의 모든 사람이 무서워서 내 말대로 즉각 하니까. 금방 해결되잖아요."

"그래서, 그렇게 했나요?"

그는 고개를 저었다.

"내가 스스로 정의한 나에 대해 내가 진심이라면 그럴 수 없죠. 스트레스는 내면에서 느끼는 거예요. 한데 내가 조금 전에 이야기했던 것처럼, 그곳에서 벗어나길 원하면 모든 것이 바뀝니다."

"어떻게요?"

"음, 초보자의 경우에는 누군가 양치를 하지 않는 것과 나의 스트레스나 좌절감은 하등의 연관이 없다는 걸 깨달으면 돼요. 분노의 원인 제공도 하지 않은 사람에게 화를 낸다면 그건 불공평한 거죠. 누군가에게 꼭 화를 내야 한다면, 화나게 한 사람에게 해야죠. 원인 제공을 한 사람에게 직접적으로 표출해야지, 그저 내 주변에 있다는 이유로 혹은 나보다 약하다는 이유로 분풀이를 해서는 안 돼요."

그는 잠시 말을 멈추었다.

"그리고 특히, 그 사람이 날 용서할 걸 알기 때문에 화를 내는 건 반드시 피해야 해요."

나는 고개를 끄덕였다. 그의 말은 정곡을 찔렀다. 가족 구성원에게 화를 표출하는 사람을 얼마나 많이 봐왔던가. 현실에서의 우리는 나의 분노와 전혀 관련이 없는 가족들에게 분풀이를 하며 사는 경우가 얼마나 많은지…….

마이크가 말을 이어갔다.

"또 다른 건, 스스로를 소리 지르지 않는 사람이라고 정의하면, 소리 지르고 싶은 욕망이 생겨날 때 뭔가 잘못된 느낌, 이게 아닌데 싶은 느낌이 든다는 거예요."

"마치 모험가가 집 안에만 틀어박혀 있을 때처럼."

내가 말을 덧붙였다.

"맞아요. 이런 경우엔, 순간적으로 소리 지르고 싶은 욕구가 느껴져서 소리를 지르면 더 강한 반발력을 느끼게 돼요. 내 안에서 '이건 네가 아니야. 소리 지르지 않는 아빠가 되기로 했잖아'라는 내면의 목소리가 들려요. 그래서 소리 지르는 게 더욱더 불편해지고, 하지 않게 되는 거예요. 그 기억, 그 깨달음이 마음을 진정시켜 주고, 나를 객관적으로 바라보는 데 도움을 줘요. 그렇게 나 스스로 선택한 진정한 내가 되어가는 거죠. 문화적으로 용인되는 행동을 그냥 무조건적으로 받아들이는 대신 나 스스로 선택을 하는 거예요.

단 몇 초간이라도 관찰자가 되어보면 그 상황에서 벗어날 수 있어요. 내 감정에서 벗어나 몇 초 동안 나를 관찰하면 진정한 대답이 뭔지 명확하게 알 수 있게 되고 진실한 영혼에 맞게 행동하게 돼요."

나는 머리를 살짝 저었다.

"이런 말을 처음 들어서 그런 건지 모르겠는데, 꽤 복잡하게 들리는데요."

그는 고개를 끄덕였다.

"그럴 거예요. 그런데 기본 요소만 생각하면, 정말 간단해요. 먼저, 스스로를 정의하는 겁니다. 그리고 중요한 순간에 스스로의 감정에서 한 발짝 떨어져서 관찰하는 거예요. 나의 삶을 참여자와 관찰자의 시선으로 바라보는 거죠. 그건 1초면 돼요. 1초도 안 걸릴 수도 있고요. 그리고 그걸 기반으로 행동에 옮기는 거죠."

"그게 돼요?"

그는 웃으며 말했다.

"최고로 힘든 날조차도 가능해요."

마이크는 나를 돌아보며 말했다.

"존, 한 가지 더 생각해 봐요. 누군가 때문에 화가 났다고 해서, 집으로 초대한 사람에게 소리를 지를 수 있을까요?"

나는 웃으며 말했다.

"그럼 그 사람이 다신 우리 집에 오지 않겠죠."

"절대. 하지만 사람들은 항상 그렇게 해요. 사랑하는 사람을 본인의 삶에 들어오게 하죠. 그건 집으로 한번 초대하는 것보다 훨씬 중요한 일이에요. 그래 놓고서는 분노를 표출하는 출구로 이용해요."

나는 고개를 저었다.

"한 번도 그런 식으로 생각해 본 적이 없어요. 근데 맞는 말이에요. 배우자나, 파트너, 아니면 아이들에게 집에 초대한 손님에

241

게는 절대 하지 않을 방식으로 대하는 사람이 많으니까. 심지어 가장 친한 친구에게조차 하지 않을 짓을 하기도 하죠."

우리는 모닥불에 거의 다다랐다. 마이크는 서핑보드를 세우고는 미소를 지으며 말했다.

"내 행동이 미친 짓이라는 걸 인식하면, 그걸 멈출 수 있는 선택을 할 수 있어요. 에마가 나에게 준 가장 큰 선물은 우리가 얘기한 인생의 교훈이에요. 이런 교훈은 부모와 자녀 사이에만 적용되는 게 아니라 모든 관계에 적용이 돼요."

그는 다시 보드를 집어 들었다.

"저기 샤워장이랑 호스 있어요."

그는 이렇게 말하며 작은 열대 나무숲을 가리켰다.

"빨리 물로 헹구고 루아우에 합류합시다."

나는 보드를 들고 다시 걷기 시작했다. '참 맞는 말만 한다니까.' 나는 마이크와 에마 즉, 부모와 자식이라는 맥락에서 우리의 대화를 곱씹어 보고 있었다. 하지만 이 교훈은 부모와 자식 관계를 넘어 다양한 방식으로 모든 인간관계에 적용될 만했다.

'아하!' 노트를 꺼낼 때가 되었다. 잊지 않고 기억하고 싶은 이야기니까.

# 상자 밖의 인생

"오셨네요."

마이크와 나는 보드를 헹구고 샤워도 마쳤다. 그리고 마이크는 주방에 도와줄 건 없는지 확인하러 카페 안으로 들어갔고, 나는 해변의 모닥불 근처로 다가갔다.

제시카는 모래 위에 놓인 아주 큰 화산암에 기대어 앉아 있었다. 큰 바위가 모두 원형으로 배열되어 있고 그 가운데에서 작은 불씨가 타오르고 있었다.

제시카는 미소를 지었다.

"두 분은 야간 서핑을 하시는 줄 알았어요."

나도 미소로 화답했다.

"다음에요. 오늘은 아녜요. 그냥 아주 재미있는 대화를 하느라 시간이 훅 가버렸어요."

제시카는 고개를 끄덕였다.

"느낌 알죠. 이곳에선 흔히 있는 일 같던데요."

나는 그녀의 옆에 앉았다.

"행복해 보이네요. 충만함이 느껴지는……."

그녀는 고개를 끄덕였다.

"이게 정확히 뭔지 모르겠어요. 그냥 가벼워요. 마치……."

"원래 인생이 이런 거였구나 하는 느낌?"

그녀는 고개를 끄덕였다.

"네. 오늘 아침까지만 해도 저는 상자 안에 갇혀서 빠져나오는 방법을 몰랐어요. 지금 그 상자는 사라졌고, 저는 애초에 그 상자가 있지도 않았던 것 같은 느낌이 들어요. 내가 그냥 있다고 생각했던 거죠. 저는 아주 오랫동안 그 상자가 진짜였다고 확신해 왔고, 제 마음속에서는 현실이 되어 있었어요. 하지만 이제 사라졌어요."

그녀가 나를 쳐다보았다.

"이해가 되세요?"

나는 고개를 끄덕였다.

"저도 카페에 처음 왔을 때 그런 기분이었어요. 카페에서 밤새 있었는데 아침에 카페를 떠날 무렵에는 이해가 되는 느낌이 들었어요."

나는 어깨를 으쓱했다.

"제가 이해한 게 무엇인지도 확실하지 않았지만, 모든 것이 더 명확하게 느껴졌어요. 그쪽이 말한 것처럼, 가벼웠어요."

"그게 지속되나요? 한편으론 이런 기분이 계속되는 게 조금 두렵기도 해요. 이게 너무 맞는 것처럼 느껴져서 이 감정이 사라져 버리면…… 너무 끔찍할 것 같아요."

"시인이라면 이렇게 말할 거예요. 한 번도 느껴보지 못한 것보다, 한 번이라도 느껴보고 잃는 것이 더 낫다고요."

나는 머리를 살짝 저으며 웃었다.

"전 시인이 아니니까. 그냥 제 생각을 말해볼게요. 제가 처음 이곳에 왔을 때 케이시는 이 느낌, 이 깨달음은 보물 지도를 보고 보물이 묻힌 곳을 알아낸 것과 같다고 설명해 줬어요. 한번 알아내면, 항상 그곳에 있다는 걸 아는 거죠."

"좋은 거네요. 그렇죠?"

나는 고개를 끄덕이고는 머뭇거렸다.

"그건……."

"왜요? 뭔데 그래요?"

"그건 좋은 거예요. 사실 엄청난 거죠."

나는 조금 더 단호하게 말했다.

"모든 '아하!'를 경험할 때마다 실제로 작동하는 방식을 보게 돼요. 완전히 다른 차원에서 삶을 이해하기 시작하죠. 그리고 존재의 목적과 인생에서 가장 중요한 다섯 가지에 부합하는 모험을 할 때마다 전에는 상상조차 할 수 없었던 방식으로 살아가는 걸 경험하게 돼요."

나는 어깨를 으쓱했다.

"그러다 보면 상자 안에 갇혀 있다고 느꼈던 예전이 어땠는지 떠올리기 힘들어지는 때가 올 거예요. 세상이 무한한 가능성을 지닌 놀이터가 아니라, 사방이 막힌 곳으로 보였던 때 말이죠."

"너무 엄청난 변화인 것 같아요. 조금 전에 잠깐 말을 잇지 못하신 이유가 뭐예요?"

"그 시점에 도달하게 되면, 상자 안에 갇혀 있는 인생을 받아들일 수 없을 테니까요."

"상자 안의 인생을 다시 받아들이고 싶지 않아요. 지금 이 느낌을 원해요."

그녀는 단호하게 말했다.

"이해해요. 하지만 때로 변화에는 대가가 필요하기도 해요. 그걸 이해해야 해요."

그녀가 나를 의아하게 바라보았다.

"어떤 대가요?"

나는 또 어깨를 으쓱했다.

"저는 제 경험밖에 이야기해 줄 수 있는 게 없는데……. 제가 변하기 시작하자 어떤 친구 관계는 더 이상 의미가 없다는 걸 알게 되었어요. 가족 관계도 마찬가지였죠."

"왜요?"

"음, 어떤 사람들은 제가 상자 속에 있는 모습을 좋아한다는 걸 알았어요. 상자 속의 남자. 그게 그들이 아는 저였죠. 그게 그들이 편안하게 느끼는 제 모습이었어요. 그들은 자기와 같은 시각에서 세상을 보는 사람을 원했어요, 제가 거기에서 벗어나기 시작하자 위협을 느낀 거죠."

"그래서요?"

"처음엔 상자를 다시 제 주위에 가져다 놓으려고 했었어요. 사소한 일들로 말이죠. 세상이 얼마나 불공평한지, 상사가 얼마나 멍청한지 불평하곤 했죠. 또는 뉴스에서 본 비극적인 일이나 유명인에 대한 항간의 소문에 대해 토론하며 저를 끌어들이려고 했어요."

"하지만 당신은 더 이상 그런 걸 원하지 않았겠죠."

제시카가 말했다.

"난 더 이상 그런 일에 에너지를 낭비하고 싶지 않았어요. 다른 사람이 그러는 건 어쩔 수 없죠. 그건 그들의 선택이고, 저는 그들을 내 잣대로 판단하지 않을 거예요. 그러고 싶지 않았어요."

"그래서 어떻게 됐어요?"

"시간이 흐르면서, 오랜 친구들 중 일부는 서서히 사라졌어요.

가족 관계도 마찬가지였죠. 하지만 제가 발견한 건, 그 공간이 비워지니까 새로운 우정과 새로운 관계를 위한 공간이 생겼다는 거예요. 변한 제 모습과 앞으로 제가 되고자 하는 모습에 더 부합하는 관계들이 빈자리를 채우게 된 거죠."

나는 어깨를 으쓱했다.

"저는 제가 스스로 세운 기준에 만족할 만한 사람이 되기로 선택했어요. 다른 사람이 보는 저라는 사람의 버전에 맞춰 그저 괜찮게 살기보다는 나 자신이 되어 행복하게 사는 길을 선택한 거죠."

제시카는 고개를 끄덕였다.

"좋은 결정이네요. 지금 매우 편해 보여요. 지금의 당신이요."

"편해요. 근데 제가 항상 사람들과 잘 어울리는 건 아니에요."

"정말요?"

"그럼요. 제 생활 방식은 꽤 특이해요. 내가 원할 때, 원하는 걸 하죠. 저는 집도 없고 차도 없어요. 격년으로 여행을 떠나요. 많은 사람에게는 이해하기 어려운 일이죠. 그들은 저를 보면 겁을 내요."

"왜요?"

"보통의 통념에 기반한 체계에 도전하는 것처럼 보여서일 거예요. 통상적으로 제 나이에 저는 퇴직 적금에 일정 금액을 넣고 있어야 해요. 특정 종류의 차가 있어야 하고, 특정 동네에 살고 있어야 하고, 특정한 활동과 취미를 즐겨야 하며, 특정 종류의 연애를 하고 있어야 하고……. 그러니 그렇지 않을 때, 마음 한구석이 혼란스러워지기 시작하죠. '나도 이 모든 걸 할 필요가 없을지도 모른다'라고 생각하게 되는 거예요."

"내가 왜 여기에 왔나 하는 질문을 던지게 되는 거죠?"

제시카가 생각에 잠긴 듯 말했다. 나는 고개를 끄덕였다.

"맞아요. 카페 메뉴에 그 질문이 있는 데는 분명 이유가 있죠. 그 질문을 마주하면 다른 사람이 이렇게, 저렇게 해야 한다고 생각하는 건 중요하지 않으니까요. 그건 대다수의 사람이 사는 방식에 기반한 집단적 의견일 뿐이에요. 대부분의 경우 광고에서 제시하는 것을 기반으로 하는 경우가 많고요."

나는 미소를 지었다.

"마치 '아, 서른 살에서 서른다섯 살 사이의 여성이라고요? 서른 살에서 서른다섯 살 사이 여성 대부분은 직업이 있고, 가족이 있으며, 방 세 개와 욕실 두 개가 있는 집에 살고, SUV를 운전합니다. 그러니 당신도 그런 조건을 갖춰야 합니다'라고 하는 것과 같아요."

"그리고 그 각본대로 삶을 살기 시작하는 거죠. 그렇게 미리 정의된 삶을 살게 되는 거군요. 스무 살, 쉰 살, 여든 살……."

제시카가 말했다.

"혹여나……."

내가 말을 하다가 멈추었다.

"혹여나 내가 스스로에게 '나는 왜 여기 있는가?'라는 질문을 하지 않는 한 말이죠?"

제시카가 문장을 완성해 주었다.

"그리고 새로운 각본을 쓰는 거예요. 내가 원하는 방식으로 내가 원하는 삶을 살 수 있도록 해주는 나만의 원고를 말이죠."

나는 고개를 끄덕였다.

"그게 제가 배운 거예요."

그러곤 제시카를 향해 웃어 보였다.

"왜요?"

나는 어깨를 으쓱했다.

"저는 가끔 현재를 느끼고 현재에 사는 게 인생의 전부인 것같이 느껴요. 인생은 아주 큰 게임일 뿐이고, 중요한 건 자신이 원하는 삶을 사는 것 같아요. 게임이 나를 조정하는 게 아닌, 내가 게임을 조정하며 사는 것."

"나만의 놀이터를 짓는 것."

제시카가 생각에 잠긴 듯 대답했다.

"그리고 그 안에서 즐기고 싶은 만큼 즐기는 것."

# 삶의 기운

"친구들 왔어요! 드디어 왔어요!"

에마가 카페의 뒷문에서 모래사장으로 뛰어나오며 말했다.

"소피아 안녕! 투투도 안녕!"

에마는 신이 나서 친구들을 불렀다. 나는 에마가 누구에게 인사를 하고 있는 건지 보려고 뒤를 돌았다. 어린 여자아이와 나이가 좀 있는 듯한 하와이 여성이 에마의 포옹을 받고 있었다.

"저 아이가 소피아예요. 에마의 친구죠. 오늘 낮에 둘이 노는 걸 봤어요."

제시카가 설명해 주었다.

"옆에 있는 분은요?"

"저도 잘 모르겠어요."

나는 일어났다. 제시카도 자리에서 일어났다. 에마는 친구들을 이끌고 모닥불 쪽으로 다가왔다.

"존 아저씨, 제시카 아줌마! 제 친구 소피아고, 이분은 소피아의 할머니세요. 우리는 투투라고 불러요. 하와이 말로 투투가 할머니란 뜻이에요."

나는 소피아와 눈높이를 맞추려고 무릎을 구부리고 손을 뻗었다.

"만나서 반갑다, 소피아."

소피아와 나는 악수를 했다.

"저도 만나서 반가워요."

소피아는 수줍은 미소를 지으며 인사했다. 나는 일어나서 제시카와 자리를 바꾸었다. 제시카는 방금 투투와 인사를 마친 참이었다. 이제 내 차례였다.

투투에게서는 삶에 대해 많은 것을 알고 있는 사람 특유의 존재감이 느껴졌다. 눈은 반짝였고 에너지가 넘쳐서, 마치 손을 뻗으면 그 에너지에 닿을 것만 같았다. 길고 검은 머리카락 사이 가끔씩 보이는 흰머리가 아니었다면 그녀의 나이를 짐작하기란 거의 불가능했을 것이다. 그녀의 에너지는 그만큼 강렬했다.

"알로하, 존."

그녀는 따뜻하게 포옹해 주며 인사를 했다.

"알로하."

내가 대답했다. 포옹을 풀며 나는 미소를 지었다. 그녀는 손을 뻗어 내 얼굴 한쪽을 어루만지며 말했다.

"카페에 다시 돌아와 이렇게 만나게 되어 반가워요."

그녀는 내 미소에 화답하며 이렇게 말했다. 내가 카페에 왔었던 걸 어떻게 알고 있는 건지 모르겠다. 아마 에마가 소피아에게 말하고, 소피아가 투투에게 말했겠지. 혹은 그냥 알고 있는 건지도……. 후자일 거라는 느낌이 확 밀려왔다.

투투는 하와이 전통 의상을 입고 있었는데 소피아가 그 옷을 잡아당겼다. 투투는 손을 밑으로 뻗어 소피아의 머리를 어루만졌다. 그녀가 부드러운 목소리로 말했다.

"왜 그래, 우리 꼬마?"

"이제 꽃 드리면 안 돼요?"

소피아가 속삭였다.

"곧 마이크 아저씨와 케이시 아줌마가 나올 것 같구나. 그러니까 기다렸다가 모두 모이면 그때 드리는 게 어떨까?"

소피아는 반짝반짝 빛나는 표정으로 작은 머리를 위아래로 끄덕였다. 호랑이도 제 말 하면 온다더니, 마이크와 케이시가 카페에서 나왔다. 각자 음식이 가득 담긴 큰 쟁반을 들고서 우리 쪽으로 다가왔다.

"안녕, 소피아. 안녕하세요, 투투."

케이시는 거리가 가까워지자 인사를 건네고 나서 쟁반을 내려놓고 한 명씩 포옹을 해주었다. 마이크도 마찬가지였다.

"맛있는 음식이 엄청 많아요."

에마가 말했다. 나는 쟁반을 내려다보았다. 정말 만찬이었다. 싱싱한 파인애플과 파파야, 그릴에 통째로 구운 생선, 바나나 잎으로 감싼 밥 등.

"배고픈 서퍼에게 딱이구나."

마이크가 이렇게 말하며 미소를 지었다.

"투투, 오늘 제시카가 서핑을 배웠어요."

에마가 말했다.

"에마가 선생님이었을까?"

투투가 물었다.

"네."

"서핑하세요?"

제시카가 투투에게 물었다.

"엄청 멋진 서퍼예요."

에마가 끼어들었다.

"소피아는 투투한테 배웠어요. 할머니 피를 물려받았어요. 그리고 서핑을 처음 시작한 게 하와이 사람들이에요."

"정말? 캘리포니아인 줄 알았는데."

제시카가 놀란 듯 물었다. 투투는 에마를 팔로 감싸고 머리에 뽀뽀를 하며 말했다.

"여기서 시작되었어요. 아주 오래전에요. 하와이 사람들은 오래전부터 물과 연이 깊었죠."

그녀가 미소를 지었다.

"하와이 사람들은 망망대해 한가운데 떠 있는 여러 섬에서 살고 있으니까요."

"투투, 이제 드려도 돼요?"

소피아가 속삭였다. 투투는 소피아를 바라보며 웃었다.

"그래. 우리 꼬마 아가씨."

소피아는 투투가 가져온 큰 바구니를 열어 생화로 만든 아주 예쁜 목걸이를 꺼냈다. 그러고는 제시카에게로 걸어갔다.

"알로하. 저희가 드리는 선물이에요. 레이라고 불러요."

제시카는 미소를 지으며 소피아의 손이 자기 머리에 닿을 수 있도록 모래에 무릎을 꿇고 앉아 고개를 살짝 숙였고 소피아는 꽃목걸이를 그녀의 목에 조심스럽게 걸어주었다.

"고마워, 소피아."

제시카는 나직한 목소리로 말하며 미소를 지었다.

"하와이 문화에서 레이를 걸어준다는 건 서로의 영혼을 연결한다는 뜻이에요. 천 년이 넘은 전통이에요. 사랑, 감사, 용서, 평화를 표현하는 데 사용해요."

투투가 설명하며 미소를 지어 보였다.

"그리고 삶의 기운을 기념하는 의미도 있고요."

소피아는 우리 모두에게 레이를 하나씩 선물해 주었다. 꽃에서 풍기는 달콤한 향기가 주변을 가득 채웠다.

"예쁜 레이를 선물해 줘서 고마워요, 소피아 그리고 투투. 이제 식사를 하며 같이 즐기면 어때? 배고픈 사람?"

마이크가 말했다

"저요!"

에마가 소리 질렀다.

"저도요!"

소피아가 거들었다.

"그럼 두 사람부터 시작해 볼까."

마이크가 대답하며 미소를 지었다.

우리는 배가 불러 더 이상 먹을 수 없을 때까지 맛있는 성찬을 맘껏 즐겼다. 케이시가 카페에서 방석을 가져왔고, 우리는 불 근처에 동그랗게 모여 앉았다. 에마와 소피아는 모래성을 쌓고 조개로 성을 꾸미며 놀고 있었다.

"케이시, 마이크. 정말 멋진 하루였어요. 고마워요."

내가 말했다.

케이시는 잔을 들어 올리며 말했다.

"다시 오신 걸 환영합니다. 오전에 주방 일 도와주신 것도 감사하고요."

"그게 오늘 오전인가요? 오래전 일처럼 느껴지네요. 오늘 하루 정말 알차게 보냈습니다."

내가 물었다. 제시카는 고개를 끄덕였다.

"그게 오늘 오전이었다는 게 믿기지 않아요. 한 몇 년은 된 것 같아요."

케이시는 미소를 지었다.

"하루라는 개념은 의미 있는 일들로 채울 때 새로운 의미를 갖게 되는 것 같아요. 그렇죠?"

"맞아요. 정말 맞는 말이에요."

제시카가 진지하게 대답했다.

"그런데, 우린 왜 하루를 의미 있는 일로 채우지 않는 거죠?"

제시카가 덧붙였다. 그리고 우리를 바라보더니 막 웃기 시작했다.

"더 정확히 말하자면, '난' 왜 그렇게 하지 않느냐는 거죠. 여기 계신 분들은 모두 이미 다 그렇게 살고 계신 것 같은데."

"존, 어떻게 생각해요? 모험으로 가득 찬 알찬 한 해를 보내고 돌아오셨잖아요."

마이크가 물었다.

나는 잠시 생각에 잠겼다.

"나한테는 끝없이 해야 할 일로 가득한 목록에서 벗어나는 거였어요."

내가 말했다.

"무슨 말이에요?"

제시카가 물었다.

"처음 이 카페에 오기 전에는 아주 바쁘게 살고 있었어요. 하고 싶었던 일이 아닌 일들을 하느라 바빴죠. 그 모든 일을 해치우면 마침내 자유로워질 수 있을 거라 생각했어요. 해야 할 일 목록의 모든 항목을 해치우면 제가 원하는 삶을 살 수 있을 거라고 생각했죠."

"그래서 어떻게 됐어요?"

마이크가 미소를 지으며 물었다. 나도 웃으며 답했다.

"그런데 해야 할 일의 목록은 해도 해도 끝이 없었어요. 두 가지 일을 끝내자마자 두 가지 일이 더 추가됐어요. 책임져야 할 일이 끝도 없이 이어졌죠."

"저도 그렇게 살았어요. 이 아름다운 섬까지 왔는데, 한 번도 즐기지 못했어요. 야근도 하고, 집에 가서도 일하고, 주말에 출근도 하면 언젠가는 일을 다 해치우고 자유로워질 거라고 생각했어요. 하지만 그런 일은 절대로 일어나지 않았어요."

제시카가 말했다.

"우주가 지켜보고 있어요."

케이시가 조용하게 말했다.

"맞아요. 아주 맞는 말이에요."

제시카가 말했다.

"우주가 지켜보고 있다고요?"

내가 물었다. 제시카는 케이시를 바라봤다.

"설명해 주세요. 잘 아시니까."

그 후 몇 분 동안 제시카는 그게 무엇을 의미하는지 설명해 주었다. 그리고 그 주제에 대해 케이시와 어떤 대화를 나누었는지도 이야기해 주었다. 그녀의 말을 듣고 나는 고개를 끄덕였다.

"그런 식으로 생각해 본 적은 없지만, 정확히 맞는 말이네요. 내가 시간을 보내고 즐기는 것은 나중에 더 돌아오죠. 그래서 중요한 일을 우선순위에 두는 게 핵심인 것 같아요. 그리고 나서 여유가 있으면 나머지를 추가하고요."

투투는 부드럽게 웃으며 말했다.

"폴리네시아 민속에 딱 맞는 우화가 전해오는데요, 어리석은 모험가와 그의 카누에 관한 이야기죠."

"이야기해 주세요."

제시카가 말했다.

"와, 우리 그 춤 춰도 돼요?"

에마가 신나서 말했다.

"맞아요, 돼요?"

소피아도 덧붙였다.

"너희 둘도 듣고 있었구나. 노는 줄만 알았는데."

투투가 얼굴에 미소를 띠며 말했다.

"놀면서 듣고 있었어요."

소피아가 대답했다.

"춤을 추려면 음악이 필요하겠지?"

투투는 말을 하며 마이크를 쳐다보았다. 마이크는 미소를 짓고 "금방 갔다 올게요" 하더니 벌떡 일어나서 카페로 조깅하듯 달려갔다. 몇 분 뒤, 그는 우쿨렐레와 드럼 세 개를 가지고 돌아왔다.

"이건 파후라고 불러요. 하와이 원주민 드럼이죠."

그는 제시카, 케이시, 내게 드럼을 하나씩 건네며 말했다. 나는 드럼을 받고 몇 번 쳐보았다.

"우리의 스토리텔러가 되어주시겠어요?"

마이크가 투투에게 말했다. 그녀는 미소를 지으며 고개를 끄덕였다.

"그럼 소피아와 나는 춤을 추고, 네가 우쿨렐레를 연주하면 되겠다."

마이크는 이렇게 말하면서 에마에게 우쿨렐레를 건네는 시늉을 했다.

"아뇨. 아빠가 우쿨렐레 쳐요. 내가 소피아랑 춤출게요."

에마는 깔깔거리며 말했다. 마이크는 놀란 척을 했다.

"어머! 그렇게 되는 거야? 알겠어."

그는 웃으며 모래에 앉았다.

"좋아, 우리 댄서들, 가까이 와주세요. 춤 동작 기억하죠?"

투투가 말했다. 두 꼬마는 열정적으로 고개를 끄덕였다.

"그럼 이제 어리석은 모험가와 그의 카누에 대한 이야기를 해봅시다."

# 폴리네시아 모험가

투투는 제시카와 나를 바라보고 앉아 미소를 지었다.

"우리 새 드러머들, 여러분을 이끌어줄 경험이 풍부한 드러머가 있어요. 우쿨렐레 연주자도 아주 경험이 많고요. 이 곡을 아주 잘 알고들 있으니, 잘 따라 하면서 즐거운 시간 보내세요."

나는 고개를 끄덕였다. 제시카는 나를 바라보며 미소를 지었다. 그리고 손을 드럼에 올려두었다. 마이크는 부드럽게 우쿨렐레를 연주하기 시작했다. 케이시가 그의 연주에 맞춰 조심스레 드럼을 치기 시작했고, 제시카와 나도 합류했다.

투투는 천천히 그리고 리드미컬하게 음악에 맞춰 몸을 움직였다. 그녀의 엉덩이는 하와이안 댄스의 우아한 예술을 상징하는 부드럽고 온화한 방식으로 움직였다. 아이들이 옆으로 다가가 함께 몸을 흔들기 시작했다.

잠시 후, 투투는 음악에 맞춰 리드미컬하게 이야기를 들려주
었다.

강에서 바다까지,

별에서 태양까지,

우리는 새로운 모험을 찾아 나서네,

웃음과 재미를 찾아.

모든 곳을 탐험하는 탐험가,

크고 작은 모험길

우리가 해야 할 첫 번째 일은

카누에 짐을 싣는 것.

"이게 폴리네시아 모험가의 신조예요."

투투는 극적인 어투로 말하며 두 팔을 하늘로 들어 올렸다. 케
이시는 미친 듯이 드럼을 두드리기 시작했다. 제시카와 나도 그
박자에 맞춰 함께 드럼을 두드렸다. 조금 전까지 천천히 몸을 흔
들던 아이들이 투투를 따라 두 팔을 하늘로 치켜들고 격렬하게
춤을 췄다.

투투는 미소를 지으며 이제 속도를 늦춰 우쿨렐레 음악에 맞
춰 천천히 엉덩이를 리드미컬하게 흔들기 시작했다. 광란의 북

소리가 진정되자 그녀는 팔을 뻗어 가슴을 쓸어내렸다.


오늘은 그 이야기를 들려드리겠습니다,

어리석은 탐험가의 이야기,

카누에 짐을 챙기지 못해,

떠날 수 없었던 탐험가.


짐이 쌓여 있는 해변,

여행에 가져갈 물건들.

중요하지 않은 물건들도 많았는데,

그게 그의 실수였죠.


가장 중요한 것들은

가장 마지막에 넣기 위해

한쪽에 밀어두었죠.

서핑보드, 창, 패들, 모자,

광활한 모험을 위한 필수품.


바닷가 멀리서

사람들이 모여들기 시작했습니다.

무엇을 챙겨야 하는지에 대해

모두 각자 자기 의견을 말하러.


이거 가져가, 이거 받아, 이것도 챙겨,
바다를 항해해 본 적도 없고,
푸른 바다에 몸을 담가본 적도 없는
그런 사람들이 하는 말들.


저거 가져가, 저거 받아, 저것도 챙겨,
모험과 재미를 달라고,
평생 소원만 빌며 살아온 사람들,
그들의 입에서 나온 말들.


그 말들은 계속 울려 퍼지고, 계속 이어집니다.
몇 시간 동안 끝도 없이.
멍청한 모험가는 최선을 다합니다,
모든 사람의 목소리를 다 듣기 위해.


그는 카누에 짐을 싸고 풀기를 반복합니다,
백번도 넘게.
하지만 그가 가장 아끼는 물건은
여전히 해변에 있습니다.

이거 가져가, 이거 받아, 이것도 챙겨,

사람들의 목소리가 점점 커집니다.

저거 가져가, 저것도 챙겨,

목소리는 더 멀리 퍼집니다.


마지막에 꼭 넣어야 해,

그가 확고하게 말합니다.

가장 중요한 것들은 마지막에.

그렇게 시간이 흘렀지만,

여전히 그는 모래사장에 묶여 있습니다.


어떻게 해야 할까, 그는 곰곰이 생각합니다.

아직 짐을 싸지 못한 것에 화를 내며.

하지만 가장 중요한 물건은

여전히 뒤로 미루어둔 채로.


하루하루가 지나고, 몇 주가 지나고,

모든 시간이 지나고,

물방울이 떨어지기 시작합니다.

이제 우기가 시작되는데,

과연 모험길에 오를 수 있을까요?

우가 우가 우가 우가

우가 우가 우가 우가

마이크는 노래를 부르기 시작했다. 에마와 소피아도 우스꽝스러운 표정으로 합세해 부르는데 그 모습은 마치 사람이 아닌 토템 기둥처럼 보였다.

케이시는 미소를 머금고 우리를 쳐다보았다. 그녀는 고개를 끄덕이며 우리에게도 함께 노래 부르자고 했다. 우리는 아이들을 바라보며 큰 소리로 웃으면서 함께 "우가 우가"를 외쳤다. 투투의 목소리가 더 커지더니 목소리 톤이 더 극적으로 바뀌었다.

"하늘이 사납게 변했다. 칼 같은 바람이 휘이이잉 불기 시작했다."

투투의 말에, 에마와 소피아는 서로를 바라보며 잽싸게 숨을 들이마시고는 서로의 얼굴에 바람을 불어대기 시작했다. 그러곤 바로 웃음보가 터졌다. 나도 웃으며 제시카를 돌아보았는데 그녀가 내 얼굴에 바람을 불고 있었다. 나는 더 크게 웃었다.

우가 우가 우가 우가

우가 우가 우가 우가

투투의 노래 박자가 점점 느려지며, 굉장히 슬픈 목소리로 바꿰었다.

며칠 동안 계속 비가 내렸고,
천둥까지 왔다네.
마침내 남자는 꿈을 포기하고,
카누를 두고 떠났다네.

투투가 마지막 대사를 끝내자 에마와 소피아는 완벽하게 희
극적인 타이밍에 춤을 멈추고, 어깨를 으쓱하며, 슬픈 표정을 짓
고 큰 소리로 외쳤다.
"아우-우-우-우…… 어떡해."
그 모습이 너무 우스워 우리 모두 배를 잡고 웃기 시작했다.
그 "어떡해"가 점차 희미하게 사라져 가자, 투투는 미소를 지
으며 노래와 춤을 다시 시작했다. 아이들도 다시 춤을 추기 시작
했다.

그는 알지 못했네, 아주 중요한 것을,
우리가 알아야 할 가장 중요한 교훈을.
가장 중요한 것을 먼저 넣어라,
아니면 절대 모험에 나서지 마라.

이 짧은 이야기를 기억하길.

어리석은 모험가에 대해,

카누에 쌀 짐을 챙기지 못해서,

모험을 떠날 수 없었던 탐험가.


인생에서 가장 중요한 것을

맨 먼저 카누에 실어야 한다네.

그렇게 하지 않으면,

물건으로 가득 찬 인생이 기다릴 뿐.

마음을 채워주는 모험은

찾을 길 없는 삶이 될 테니까.

# '아하!' 노트가 책이 될 수 있을까?

케이시는 미친 듯이 드럼을 두드리며 노래가 끝났음을 알려 주었다. 우리도 함께 두드렸다. 아이들은 서로에게 웃긴 표정을 지으며 미친 듯이 춤을 췄다.

노래를 마치며, 나는 너무 많이 웃은 나머지 한 일주일 동안은 배가 아픈 후유증을 겪을지도 모르겠다고 생각했다. 나만 그런 건 아닐 듯했다.

"너무 좋아요."

마침내 제시카가 먼저 입을 열었다.

"너무 재미있었어. 너희 둘 다 너무 잘하던데. 그런 춤은 어디서 배웠어?"

제시카가 에마와 소피아를 바라보며 말했다. 에마는 여전히 춤을 추며 답했다.

"투투 할머니가 가르쳐줬어요. 소피아와 제가 가장 좋아하는 노래예요. 항상 투투 할머니와 함께 연습해요. 그렇지, 소피아?"

소피아는 깔깔 웃더니 에마에게 "우가 우가"라고 답하며 웃긴 춤사위를 다시 보여주었다. 에마는 그걸 보고 깔깔 웃으면서 무서워하는 척 도망을 치기 시작했고 소피아는 에마를 쫓아갔다.

"하와이에서는 전통적으로 이야기와 노래를 통해 정보를 전달해 왔어요. 서양 문화가 들어오기 전, 여기 사람들은 그런 방식으로 교육을 했지요."

투투는 아이들을 바라보며 말을 이었다.

"아이들은 이 노래를 기억하고, 그 안에 담긴 교훈을 잊지 않을 거예요."

"저도요. 어떻게 잊겠어요."

제시카가 말했다.

"이런 이야기는 사람들과 서로 나누고 배우기도 좋지요."

"그리고 제 '아하!' 노트에 적기도 좋죠."

나는 이렇게 말하고 자리에서 일어났다.

"잠시만요."

나는 카페 쪽으로 가서 주방으로 들어갔다. 내 백팩은 선반 위에 놓여 있었다. 나는 가방을 집어 들고 밖으로 나가다가 걸음을 멈추고 주문창을 통해 카페 안을 들여다보았다. 불은 고작 몇 개

안 켜져 있었지만, 안이 훤하게 다 보였다. 빨간 부스, 긴 카운터, 문에 있는 코트 걸이…….

처음 카페에 왔을 때가 떠올랐다. 해변도 정말 좋았지만 카페 안에서는 뭔가 마법 같은 일이 일어나고 있었다. 특히 밤이어서 더욱 그랬다. 어떤 이유에서든 이곳에 올 기회가 주어졌다는 사실에 감사하며 미소를 지었다. 그리고 이렇게 다시 오다니.

"특별한 기운이 느껴지나요?"

나는 뒤를 돌아보았다. 케이시가 웃으며 그곳에 서 있었다. 어떻게 들어오는 소리를 전혀 듣지 못했을까. 나는 고개를 끄덕였다. 그리고 다시 카페를 돌아보았다.

"여기에 서 있으면, 내 인생이 얼마나 큰 변화를 겪었는지가 떠올라요."

나는 잠시 생각하다가 운을 뗐다.

"우연히 들른 카페에서 마주한 세 가지 질문과 하룻밤……. 그 날 밤이 아니었다면 나는 지금 어디에 있을까요?"

나는 머리를 저으며 말했다.

"생각하기도 싫어요."

"준비가 되어 있었어요. 그랬기 때문에 행동으로 옮길 수 있었 던 거예요."

그녀가 답했다. 나는 뒤를 돌아 그녀를 바라보며 말했다.

"그래요. 난 알 수 있었어요. 나에게 가장 중요한 것들을 카누

272

에 싣기 시작하면, 모든 게 다 풀릴 거라는 걸. 그 모든 게 '어떻게' 풀릴지는 몰랐지만. 그래도 그냥 그럴 것 같았어요."

"그리고 정말 그렇게 됐죠."

그녀가 말했다. 나는 고개를 끄덕였다. 나는 잠시 '내가 감히 상상할 수도 없었던 수준으로요'라고 속으로 말하고 다시 이야기를 이어갔다.

"엄청난 도약이었어요. 계획하고, 정리하고, 생각하고, 사람들과 대화하고……. 그러다 심연에 발을 들여놓는 순간이 와요. 그런데 그 심연이 전혀 심연이 아니었다는 걸 깨닫게 되지요.

내가 지구에 도착한 순간부터, 모든 시스템은 내가 그 방향으로 가도록 설계되어 있었던 것 같아요. 그 모든 과정에서 많은 도움과 안내와 격려를 받았죠. 복잡하고 아름답게 설계된 이 게임은 우리가 성공할 수 있도록 구성되어 있었어요."

나는 미소를 지었다.

"내가 왜 이런 이야기를 하고 있는지 모르겠네요. 이미 그쪽은 다 아는 얘길 텐데……."

그녀는 미소를 지으며 고개를 끄덕였다.

"네, 알고 있죠……. 하지만 나도 몰랐던 때가 있었어요. 두려움과 걱정, 해야 할 일과 하지 말아야 할 일이 내 삶을 지배하던 때가 있었어요. 하지만 마음이 원하는 길을 걷고, 그러면서 모든 것이 잘 풀리는 걸 보고 나면, 그런 것들을 놓아버리게 돼요. 그런 일이 바로 존에게 일어났고 앞으로도 계속 일어날 거예요. 이제 제시카도 도약을 하면 그렇게 될 겁니다."

케이시는 내 손에 들린 백팩을 바라보았다.

"'아하!' 노트 가지러 온 거였어요?"

난 고개를 끄덕이며 가방에서 노트를 꺼냈다.

"봐도 될까요?"

그녀는 이렇게 물으며 손을 뻗었다. 나는 노트를 건네주었다. 그녀는 노트를 펼쳐 손이 가는 대로 페이지를 넘겼다.

"왜 여행하는 사이사이 1년은 일하는 방식으로 사는 거예요, 존? 일하는 것도 여행하는 것만큼 만족스럽나요?"

그녀가 여전히 내 노트를 손에 쥔 채 물었다. 나는 웃었다.

"아뇨. 내가 지금껏 생각해 낸 최고의 해결책일 뿐이에요. 1년 안에 다시 여행길에 오를 수 있다는 걸 알기 때문에, 열심히 일할 수 있어요. 여행이 일하는 원동력이 되는 거예요. 일을 하는 데 목적이 생긴 거죠. 긍정적인 목적. 더 좋은 방법이 있을 수도 있어요. 사실, 오늘 아침에도 제시카와 그 얘기를 했어요. 그저 더 나은 방법을 아직 찾지 못했을 뿐이에요."

나는 의아한 표정을 지으며 그녀를 바라보았다.

"왜 물어본 거예요?"

"마이크와 얘기를 나누었거든요. 그 '아하!'에 대해서…… 그 아하를 가지고 뭔가 해보실 계획은 없나요?"

나는 어깨를 으쓱했다.

"딱히 없어요. 난 그저 아하의 순간이 좋아요. 자기 전 거의 매일 밤 공책을 넘겨봐요."

나는 미소를 지었다.

"그러면 그 심연이 사실은 심연이 아니었다는 걸 잊지 않게 되거든요."

"잠자리에 들기 전 온몸을 감싸는 좋은 에너지가 되겠네요."

그녀가 말했다. 나는 고개를 끄덕였다.

"맞아요. 이곳에 처음 오기 전에는 저녁 시간을 뉴스 보는 걸로 마무리하곤 했어요. 인터넷에서 그날의 참사나 유명인의 이야기, 혹은 스포츠 경기 같은 기사를 읽으며 마무리했죠. 그런 다음 불을 끄면 몇 시간 동안 그날의 문제들이 반복해서 되새겨져요. 혹은 다음 날 나를 기다리고 있는 문제들을 어떻게 처리할지 생각하며 전략을 세우기도 하고."

나는 미소를 지으며 머리를 살짝 저었다.

"그때는 왜 항상 피곤한 건지 이해가 안 됐어요."

케이시는 아무 말 없이 내 이야기를 듣고 있다가 입을 열었다.

"마이크랑 '아하!'에 대해서 이야기를 나누었다고 했잖아요?"

그녀는 잠시 뜸을 들인 후 덧붙였다.

"우리는 그걸 출판하면 어떨까 해요."

책을 낸다고? 출판 생각을 하는 순간 방금 전에 느꼈던 나 자신에 대한 확신은 사라지고 의심이 생기기 시작했다. 나를 위해 뭔가를 쓰고 그 기록을 친구들과 공유할 수는 있지만, 다른 사람들이 모두 보고 그에 대해 평을 할 수 있도록 세상에 내놓는다는 건 완전히 다른 문제였다. 내가 무슨 자격으로 인생의 '아하!'에 대해 다른 사람들에게 설파할 수 있을까?

그런데 그 두려움과 불확실의 순간, 내 마음속에 이미지가 떠올랐다. 내가 '아하!'라는 책을 펼쳐서 책의 한 페이지를 보고 있었다. 첫 번째 여행길에 코스타리카에서 깨달은 내용을 적어놓은 페이지였다.

자신 있게 살 것인지 두려움 속에 살 것인지 택할 수 있지만, 그 두 가지를 다 택할 순 없다.

"그 말을 기록할 때 그 말이 맞다고 생각했잖아요. 지금도 여전히 그 말은 진리예요. 게다가…… 안 될 거 뭐 있어요."

케이시는 미소를 지으며 말했다. 맞는 말이었다. 나는 진리가 무엇인지 알고 있다. 그리고 조금 전 삶의 진리에 대해 열변을 토하지 않았던가. 심연으로 도약하는 것은 도약이라고 할 수 없을 것이다. 나는 어깨를 으쓱했다.

"책을 출판하면 우리가 첫 번째 독자이자 고객이 될게요. 카페를 방문하는 손님들에게 '아하!' 책을 선물하고 싶기도 하고요."

나는 놀란 얼굴로 그녀를 쳐다보았다.

"정말요?"

그녀는 고개를 끄덕였다.

"정말요."

격변이었다. 순식간에 일어난 순간 이동 같은 느낌이었다. 나는 심연을 느꼈다. 미지와 두려움으로 가득한 거대한 구멍. 그러나 곧 그 심연이 사라졌다. 그리고 눈앞에 길이 선명하게 보이기 시작했다.

"좋아요. 그렇게 하죠."

나는 고개를 끄덕이며 미소를 지었다. 나 스스로 많이 성장했다고 생각했지만 아직 경험을 통해 배워야 할 것이 많다는 걸 깨달았다.

"우리도 다 좋아요. 우리가 여기에 있는 이유가 바로 이런 것 때문이에요."

케이시가 말했다.

케이시와 나는 모닥불가를 향해 걷기 시작했다. 여전히 모두들 동그랗게 모여 앉아 있었다. 마이크는 우쿨렐레를 연주하고, 투투는 제시카와 아이들에게 새로운 하와이안 춤을 가르쳐주고

있었다. 노래를 부르며 깔깔 웃는 소리도 들렸다. 엄청난 에너지
가 느껴졌다.

"56페이지."

케이시가 나에게 말했다. 나는 무슨 소린가 하는 얼굴로 그녀
를 바라보았다.

그녀의 눈이 내 손에 들려 있는 '아하!' 책으로 향했다. 나는 노
트를 펼쳤다. 노트에서 페이지 번호를 본 적이 없는데 펼쳐보니
지금은 페이지 번호가 있었다. 마치 노트를 만든 제조업체에서
처음부터 인쇄해 넣은 것처럼 깔끔하게 적혀 있었다.

나는 케이시를 바라보았다. 그녀는 어깨를 으쓱하곤 윙크를
해보였다.

"출판할 예정이니까요."

내가 모르는 게 여전히 많은 게 분명하다. 나는 56페이지를 펼
쳤다.


태어날 곳은 선택하지 못하지만 머무를 곳은 선택할 수 있다.
누구를 통해 태어날지는 선택하지 못하지만 이 순간 누구와
함께할지는 선택할 수 있다.


"모험을 하기 위해서는 모험의 의미를 받아들여야 해요. 선택
을 하고 앞으로 나아갈 수 있는 자유를 받아들이는 거지요. 내 몸

의 자유뿐만 아니라, 감정적인 자유까지도요."

케이시는 모두를 향해 고개를 끄덕이며 덧붙였다.

"제시카도 그걸 깨달아가고 있는 거예요."

"그것이야말로 진정한 자유겠지요. 태어난 곳이나 태어난 환경에 제약을 받거나 구속되지 않는 능력. 내가 만난 사람 중 자신만의 방식으로 살아가며, 본인의 이야기를 엮어가는 사람들은 모두 그 사실을 깨우친 것 같더라고요. 그리고 그런 사람들이야말로 진정 인생을 즐기며 사는 것 같아요."

내가 대답했다.

"자기만의 놀이터를 만든 거지요."

케이시가 덧붙였다. 나는 고개를 끄덕였다.

우리는 모닥불 근처에 도착했다. 마이크는 우쿨렐레 연주를 마친 참이었고, 아이들은 바닥에 주저앉아 여전히 깔깔거리며 웃고 있었다.

마이크의 시선이 내 손에 있는 '아하!' 노트에 꽂혔다. 그는 케이시를 바라보며 말했다.

"말해봤어요?"

그녀가 고개를 끄덕였다. 그는 나를 바라보았다.

"어떻게 생각해요? 우리가 첫 번째 독자가 될 수 있을까요?"

"물론이죠."

"좋아요. 언젠가는 여행을 하기 위해 1년 동안 회사에서 일하지 않아도 되는 때가 올지도 몰라요. '아하!' 책 판매를 통해 여행 경비를 마련할 수 있을 테니까."

"그 아이디어 정말 마음에 드는데요."

내가 말했다.

"제 친구도 책을 썼는데, 굉장히 많은 언어로 번역되어 출판이 됐어요. 이제 그 친구는 세상을 돌아다니며 독자들과 대화를 하죠. 당신만큼 여행을 좋아하는 친구예요. 그리고 지금은 여행 경비를 스스로 마련할 필요도 없어서, 너무 좋아하더라고요."

제시카가 말했다.

"됐네요. 누군가는 벌써 그렇게 살고 있으니, 존이라고 안 될 거 없지요."

케이시가 말했다.

"제가 그 친구 소개해 드릴게요."

제시카가 말했다.

"이게, 우주가 돌아가는 방식이지. 원하는 게 무엇인지 명확히 파악하는 것은 마치 순수한 잠재력의 영역으로 귀환 신호탄을 보내는 것과 같아요. 그러면 순식간에 모든 것이 제자리를 찾기 시작하죠."

투투가 덧붙였다.

# 순간을 기록으로 남기라는 신호

마음이 설레기 시작했다. 조금 전의 두려움과 불안은 온데간데없이 사라져 버렸다.

나처럼 '아하!'를 좋아하는 독자들과 만나 이야기하며 전 세계를 여행하고, 그렇게 함으로써 돈을 벌다니……. 정말 멋진 일이라는 생각이 들었다. 소름이 돋았다. 옳은 생각이었다. 내 몸이 방금 그걸 확인해 주었다. 이 방향으로 나아간다면 엄청난 모험이 기다리고 있을 것이다.

"책 좀 봐도 될까요?"

투투가 물었다.

"그럼요."

나는 대답한 후 책을 그녀에게 건넸다.

그녀는 모래에 앉아 책을 펼쳐보기 시작했다. 나도 앉았다.

"뭐해, 코코넛?"

마이크는 소피아와 함께 앉아 있는 에마 쪽으로 향했다. 밤이 찾아오고 있었고, 저녁 식사를 마치고 춤까지 춘 아이들은 이제 노곤함을 느끼는 듯했다. 에마는 아빠에게 팔을 뻗었다. 마이크는 에마를 들어 올려 가슴팍에 안고는 머리에 뽀뽀를 해주었다.

"이제 자야지?"

에마를 머리를 저었다.

"아니. 아직."

마이크는 모래에 앉았다. 에마는 머리를 마이크의 가슴팍에 기댄 채 안겨 있었다. 소피아도 투투에게로 가서 에마와 똑같은 자세를 잡았다. 투투는 미소를 짓고는 소피아의 머리를 쓰다듬었다. 그녀는 노트를 되돌려주며 말했다.

"여기 책이요, 존. 보여줘서 고마워요."

"천만에요."

"괜찮으면, 내가 도움이 될 수도 있을 것 같아요. 이 섬에 친구가 많은데, 호텔을 운영하는 사람들도 꽤 있지요. 그 책은 아주 특별한 것 같아요. 사람들이 해변에 앉아서 읽기에 딱 좋아 보이네요. 생각할 시간이 있을 때 말이에요. 몇몇 주인장은 손님들에게 주려고 몇 권씩 사고 싶어 할지도 모르죠."

그녀가 덧붙였다. 나는 정말 믿을 수가 없었다.

"정말요?"

그녀는 미소를 지었다.

"정말요. 책 나오면 연락해요. 언제든지."

모든 일이 일사천리였다. 놀라우면서 또 놀랍지 않기도 했다. 내가 카페를 처음 갔던 그날부터 이런 일은 계속 벌어지고 있었으니까. 내가 무언가에 꽂혀서 이게 나의 길이라는 생각이 들면, 도움의 손길이 사방에서 뻗쳐 왔다.

"71페이지."

케이시가 미소를 지으며 말했다. 나는 그녀를 한번 바라본 후 71페이지를 펼쳤다. 그리고 크게 소리 내어 읽었다.

별이 빛나는 밤에 하늘을 올려다보면, 우리가 볼 수 있는 별은 은하계에 존재하는 별의 0.00000005퍼센트 미만이다. 그게 우리 은하다. 우주에는 적어도 1250억 개 이상의 은하가 존재한다. 이 모든 것을 창조한 어떤 존재가 있다면, 나의 꿈이 실현되는 것도 분명 그 존재의 능력 안에 있을 것이다. 그 존재에게 길을 안내해 달라고 요청하고 노력하는 와중에 내게 오는 모든 것을 영광으로 생각하고 받아들여라.

나는 미소를 지었다.

"아프리카에서 썼어요. 그곳에서 바라본 별은 그 어느 곳과도

달랐어요. 육안으로도 은하수가 선명하게 보였어요. 그리고 쌍안경으로 별을 하나하나 살펴보면 파란색, 빨간색, 주황색 그리고 여러 가지 다양한 색을 내뿜는 별들이 보이더라고요. 그때가 두 번째 아프리카 여행이었는데, 어디로 갈까 고민하던 중에 누군가 나미비아가 정말 특이하고 색다른 곳이라고 했어요. 전 그때 나미비아가 어디 있는지도 몰랐어요. 그래서 나미비아에 대한 책을 사서 봤고, 사람들이 다음 여행지를 물어보면 나미비아에 갈 생각이라고 말하곤 했죠.

일주일도 안 돼서 그곳에 다녀왔다는 사람, 그곳에 살았었다는 사람, 그곳에 갔다 온 친구를 안다는 사람들을 만났어요. 마치 우주가 저를 지켜보고, 길을 보여주는 것 같았어요. 수많은 연결고리가 나타났거든요.

모두 고맙습니다. 여러분 덕분에 제 '아하!'를 책으로 만들겠다는 아이디어가 벌써 실현되고 있는 것 같아요."

제시카는 케이시를 바라보았다.

"아까 얘기해 주셨던 거 맞죠? 이런 의미였군요."

케이시는 고개를 끄덕였다.

"모든 순간, 매초, 우린 순수한 잠재력의 장 한가운데에 있어요. 우리가 원하든 원하지 않든 우리의 모든 행동은 신호를 보내고 있죠. 그 신호는 우리가 원하는 것을 순수한 잠재력의 장에 알리고 있고요.

이 경우, 존은 단순히 '아하!'를 경험한 게 아니에요. 그 순간을 기록으로 남길 만큼 중요하게 생각했어요. 그게 신호를 보낸 거예요. 그리고 우리가 그 노트를 볼 수 있냐고 물었을 때 기꺼이 공유해 주었어요. 그게 또 다른 신호를 보낸 거예요. 또 그 노트를 책으로 만들자는 아이디어에 긍정적으로 반응했어요. 그것도 신호로 전달이 되었을 거예요.

책을 써서 독자들과 대화하면서 수입을 얻는 친구에 대해 이야기하자, 또다시 긍정적인 반응을 보였어요. 또 다른 신호였죠. 독자가 되겠다는 우리의 제안, 도와주겠다는 투투의 제안……모두 추가적인 신호예요. 우주는 이 패턴이 매우 신속하게 형성되는 것을 지켜보고 있어요. 따라서 우리는 우리가 관심을 보이는 것에 대해 더 많이 얻게 돼요."

"날 데려가, 날 데려가, 또 데려가……."

투투는 부드럽게 노래를 하고는 미소를 지으며 나와 제시카를 바라보았다.

"이해했어요. 내가 받는 신호가 불만족스럽다면 다른 신호를 보내면 된다는 거죠. 카누를 나에게 '진정으로' 중요한 것으로 채워야 한다."

제시카는 잠시 멈칫하며 말했다.

"정말 이해했어요."

투투는 미소 지었다.

"방금 아주 중요한 '아하!' 한 가지를 깨우쳤네요."

마이크는 '아하!' 책을 집어 들고는 몇 장 넘겨보더니 미소를
지었다.

"이건 무슨 의미죠?"

그는 이렇게 물은 뒤 크게 소리 내어 읽었다.


이건 그냥 자동차다.


나는 망설이다가 제시카를 흘긋 바라보며 아무 말도 하지 않
았다. 마이크는 다시 미소를 지었다.

"다른 걸로 고를까요?"

"이건 그냥…… 그…….."

나는 말을 더듬으며 제시카를 흘긋 쳐다보다가 그녀와 눈이
마주치고 말았다.

"뭔데 그래요?"

마이크가 물었다.

"제가 창피해할까 봐 그러는 것 같아요."

제시카가 설명했다.

"괜찮아요. 하세요."

그녀가 말했다.

"저는 그냥……."

제시카는 소리 내어 웃었다.

"저 상처 안 받을게요. 정말요. 얘기해 주세요."

나는 미소를 지었다.

"알겠어요. 제 친구 이야기입니다. 그 친구는 저를 볼 때마다 제가 사는 대로 살아보고 싶다고 말하곤 했어요. 여행을 다니며 세상을 보고 싶어 하죠. 제가 여행을 떠날 때마다 같이 가서 한 수 배우고 싶다고 해요."

"근데 실천에 옮긴 적이 없었어요?"

케이시가 물었다.

"없었어요. 그리고 내가 이유를 물어보면 일 때문에 시간을 낼 수가 없다고 말했어요. 혹은 곧 큰 프로젝트가 있을 거라고. 항상 안 되는 이유가 있어요. 전 사실 상관없어요. 그런데 문제는 그 친구가 너무 가고 싶어 한다는 거예요."

"잠시 쉴 수는 없대요?"

제시카가 물었다. 나는 고개를 저었다.

"이미 물어봤어요. 그런데 중요한 건, 그 친구가 돈을 벌어서 거의 그 자리에서 다 쓴다는 거예요. 이 친구는 돈을 저축하는 법이 없이, 돈이 생기는 대로 바로 써버리는 친구예요. 그러다 보니 쉬는 게 불가능하다고 느끼는 거죠."

"자동차 이야기는 어디서 온 거예요?"

마이크가 물었다. 나는 마이크가 이미 정답을 알고 있으면서
도 물어보는 거라고 확신했다.

"그 친구가 일에 매달리는 이유 중 하나가 바로 자동차예요.
몇 년 전에 아주 매끄럽고 스타일리시한 새 고급 승용차를 샀거
든요. 대리점에서 제공하는 모든 옵션을 넣어서 최고급 사양을
갖춘 차로요.

너무 멋진 차예요. 문제는 그 친구의 지출도 멋지게 나간다는
거죠. 보험료에 수리비까지 합치면 매달 내가 내는 집세와 거의
비슷한 금액을 차에 쏟아붓고 있어요. 거기에 생활비까지 벌어
야 하니 도저히 쉴 수가 없대요. 특히 나처럼 1년 내내 여행한다
는 건 꿈도 못 꾸는 거죠."

나는 어깨를 으쓱했다.

"근데 그건 괜찮아요. 그 친구 또는 그 친구처럼 사는 사람들
에게 뭐라고 하고 싶진 않아요. 그건 그들의 삶이고, 그들의 선택
이니까요. 하지만 본인의 선택이 다른 걸 할 수 있는 자유를 얼마
나 빼앗아 가는지를 깨닫지 못하는 것 같아요."

"당신과 잠시라도 함께 여행하는 그런 자유 말이죠."

투투가 덧붙였다. 나는 고개를 끄덕였다.

"맞아요. 그 친구가 자동차에 완전히 빠져 있는 사람이라면 얘

기가 달라지겠죠. 그런데 그런 것도 아니에요. 혹은 자주 차를 운전해야 한다면 모르겠지만 그렇지도 않고요. 그 친구는 도심에 살면서 택시를 자주 타요. 그래서 차는 그냥 차고 주차장에 세워둘 때가 많아요. 매달 주차비만 지불하면서요."

나는 또 어깨를 으쓱했다.

"그 친구는 충동적으로 소비하는 거예요. 물건을 보면 갖고 싶고 사고 싶어 해요. 하지만 며칠이나 몇 달 못 가서 그 물건에 싫증을 내죠. 소비에 따른 이득은 아주 적은데 비용은 매우 커요. 솔직히 말하면, 그 친구가 차를 가지고 있는 이유의 절반은 과시하기 위한 거예요. 타인에게 나는 이런 차를 가진 사람임을 보여주고 싶은 거죠."

"실체도 알 수 없는 뭔가에 속한 것처럼 보이려고 애를 쓰는 거죠."

제시카는 케이시를 바라보며 말했다. 나는 고개를 끄덕였다.

"좋은 표현이네요. 그런 식으로 생각해 본 적은 없지만 맞아요. 이 친구의 경우에는 그 말이 맞는 것 같아요. 지난번에 만났을 때도 다음 여행에 저와 함께하고 싶다고 말했어요. 하지만 그런 일은 일어나지 않을 거예요."

나는 미소를 지었다.

"그걸 한탄하는 와중에 '아하!'가 절로 나온 거예요."

"그게 뭐였는데요?"

제시카가 물었다.

"우리 문화는 성공이나 행복을 얼마나 많은 돈이나 소유물을 가졌는지에 초점을 맞추고 판단한다는 거예요. 저는 전 세계를 여행하면서 다양한 사람을 만났어요. 돈이 아주 많은 사람도 있었고, 거의 없는 사람도 있었어요.

그들이 저에게 가르쳐준 건, 진정으로 중요한 건 돈이 아니라는 거예요. 시간이죠. 경제적으로 부유하다는 것은 나쁜 일도 좋은 일도 아니에요. 행복이나 슬픔을 보장하지도 않아요. 가난도 마찬가지죠. 가난하다고 꼭 불행하지는 않아요. 저는 세계에서 가장 가난한 곳이든 가장 부유한 곳이든 항상 웃는 사람도 있고 항상 찡그리는 사람도 있다는 사실에 놀랐어요.

항상 웃는 사람들의 공통점 중 하나는 그들의 일상생활이에요. 매일 많은 시간을 본인의 존재 목적에 부합하는 일을 하며 사는 사람들이더라고요. 마음이 원하는 걸 하며 사니까 웃고 사는 거죠."

"존, 친구분이 차에 얼마를 쓴다고 했죠?"

케이시가 물었다.

"한 달에 거의 900달러. 거기다가 추가로 주차 비용 200달러. 쓰지도 않는 차에 나가는 비용이 너무 많은 거죠. 또 투자한 돈에 비해 그에 따른 양질의 시간을 돌려받지 못하고 있기도 했어요. 1년 반 동안 그 돈을 모았더라면, 나와 함께 '1년 내내' 세계를 여행할 수 있었을 텐데. 그럼 그 친구에게 아주 양질의 시간이 되었겠죠."

나는 어깨를 으쓱했다.

"그래서 저는 제가 진정으로 살고 싶은 삶을 살기 위해, 그걸 잊지 않기 위해 그렇게 쓴 거예요."

나는 제시카를 바라보았다.

"미안해요. 기분 상하게 하려는 건 아니었어요. 자동차를 정말 좋아하는 친구도 있는데, 그 친구는 1968년형 클래식 컨버터블을 몰고 다녀요. 그 친구의 경우에는 쓴 돈만큼 잘 활용하고 있죠. 그 차를 사랑하고, 항상 몰고 다니니까요. 사람들 만나는 걸 좋아하는데, 그 차는 항상 대화의 시작점이 되죠. 그 친구의 선택은 완벽하게 이해가 돼요."

제시카는 미소를 지었다.

"괜찮아요. 기분 나쁘지 않았어요. 좋은 생각의 실마리를 주셨어요. 전혀 기분 상하지 않았어요."

"사실 이게 꼭 집어 자동차를 말하는 것도 아니고, 제 '아하!' 노트의 요점은 제가 진정으로 원하는 삶과 일치하는 시간을 보내도록 저 스스로 기억하는 거예요. 그건 제게 여행과 모험이죠. 다른 사람에게는 완전히 다른 것일 수도 있고요."

나는 케이시를 향해 고개를 끄덕이고 미소를 지어 보였다.

"내가 처음 카페에 왔을 때 가장 인상 깊었던 점 중 하나가 이 주제에 관한 거였어요."

"뭔데요?"

제시카가 물었다.

"무언가에 의미가 있다면 '내'가 스스로 거기에서 의미를 찾을 수 있는 것이어야 한다. 다른 사람에게 의미가 있다고 해서 내게도 의미가 생기는 것이 아니다."

"마음에 드네요."

제시카가 말했다. 나는 고개를 끄덕였다.

"지난번에 이곳에 다녀온 뒤로, 제 지출에 대해 새롭게 보게되었어요. 말 그대로 개안을 한 것 같았죠. 정신 차리고 보니 지출의 상당 부분이 제가 진정으로 제 삶에서 원하고 있던 것과 일치하지 않더라고요."

나는 미소를 지었다.

"제 직장 생활은 대단히 평범해요. 전 외출도 잘 안 하고, 뭘 많이 사지도 않아요. 그리고 누구는 일주일간의 호화로운 휴가를 보내는데, 그에 비하면 1년 동안의 여행은 호화로움과는 거리가 멀죠."

나는 다시 미소를 지었다.

"하지만 제게 정말 중요한 것의 맥락에서 보면…… 제 여행은 특별해요. 다른 나라로 가서, 다른 문화를 보고, 재미있는 사람들을 만나고, 매일 새로운 모험을 하고…… 일할 때는 시간이 그냥 뭉텅이로 뚝뚝 나뉘는데, 여행할 때는 분 단위로 기록을 해도 모자라요."

# 안개 이야기

투투는 소피아의 머리를 쓰다듬었다. 소피아는 투투의 무릎을 베개 삼아 잠이 든 듯했다.

"해주고 싶은 이야기가 있어요, 제시카. 오늘 카페에 오게 된 이유에 대한 연결 고리를 찾을 수 있을 것 같은데. 한번 들어볼래요?"

"네."

제시카가 대답했다. 투투는 미소를 지으면서 다시 한번 소피아의 머리를 쓰다듬었다.

"좋아요. 그럼 이야기를 마치고 나서 이 꼬마를 집에 데려가 재우면 딱 되겠네요."

투투는 잠시 눈을 감더니 곧 이야기를 시작했다.

"안개가 자욱이 낀 아침을 본 적이 있나요, 제시카? 안개가 너무 짙어서 앞이 거의 안 보이는 날."

제시카는 고개를 끄덕였다.

"이 이야기는 그런 안개에 대한 이야기예요. 현관이 넓은 크고 아름다운 집을 상상해 봐요. 집에는 너른 마당이 있는데 그 마당은 빽빽한 숲에 둘러싸여 있어요. 현관에서 마당으로, 그리고 마당에서 숲으로 가는 길이 있어요. 그 길이 내려다보이는 현관 앞 흔들의자에 앉아 있는 걸 마음속에 그려보세요."

투투는 제시카를 바라보며 말했다.

"상상이 되나요?"

제시카는 또 고개를 끄덕였다. 투투가 말을 이어갔다.

"내 경험에 비추어보면, 대부분의 사람에게 인생은 마치 그 흔들의자에 앉아 있는 것과 같아요. 현관 난간 너머로 밖을 내다봐도 마당이나 나무가 잘 보이지 않아요. 보이는 건 짙은 안개뿐이에요. 한데 그 안개는 다른 사람들이 우리에게 하게 하고, 보게 하고, 믿게 하려는 하는 것들로 구성되어 있어요. 또 자기에 대한 의심과 두려움, 불확실성이 섞여 있고 평생을 살며 받아들인 모든 부정적인 생각과 조건도 포함되어 있지요.

사람들은 현관 흔들의자에 몸을 맡겨요. 그러는 동안 딱 5분만 안개가 걷혀서 자신이 진정으로 원하는 삶으로 이어지는 길이 보인다면…… 의자에서 일어나 계단을 내려가 그 삶을 살겠다고 혼자 생각하죠.

그러던 어느 날, 영감을 주는 이야기를 읽거나 꿈을 이룬 사람의 이야기를 듣게 돼요. 그때 마치 마법처럼 5분 동안 안개가 걷히고 본인이 진정으로 살고 싶은 삶의 길이 선명하게 보여요. 아름답고 찬란하게 빛나는 그 길이 나에게 오라고 손짓을 해요. 그 5분 동안 의자에서 일어나 그 길에 나설 생각을 해요. 그 길에서 겪게 될 모험과 기쁨을 상상하는 거죠.

하지만 그 5분이 지나면 다시 안개가 짙어져 시야가 가려져요. 그럼 그들은 다시 의자에 앉아서…… 그대로 있어요. 흔들흔들 앞뒤로 몸을 움직이면서.

시간이 지나면서 그들은 단 한 시간만이라도 안개가 걷히고 자신이 진정으로 원하는 삶이 보인다면 의자에서 일어나 그 계단을 내려가 그 삶을 살겠다고 생각해요.

그러던 어느 날 특별히 영감을 주는 영화를 보거나 누군가의 놀라운 인생 이야기를 듣게 돼요. 자신에게 딱 맞는 메시지를요. 마치 감독이 내 마음속을 들여다보거나 나에게 직접 말을 건네는 것처럼 말이에요. 그리고 다음 한 시간 동안은 안개가 걷히고 내가 진정으로 원하는 삶으로 가는 길이 선명하게 보여요.

아름답고 찬란하게 빛나는 그 길이 나에게 오라고 손짓을 해요. 한 시간 내내 일어나서 그 길을 내려갈 생각을 해요. 그리고 그 길에서 겪게 될 모험과 기쁨을 상상해요.

하지만 시간이 지나고 안개가 다시 짙어져요. 그래서 다시 의자로 가서…… 그대로 앉아 있어요. 흔들흔들 앞뒤로 몸을 움직이면서.

시간이 지나면서 사람들은 단 24시간만 안개가 걷히고 자신이 진정으로 원하는 삶이 보인다면 의자에서 일어나 그 계단을 내려가 그 삶을 살겠다고 생각하게 돼요.

그러다 어느 날 친구가 죽었다는 소식이 들려요. 좋은 사람이었죠. 다른 사람들에게 친절하고 상냥했던 사람. 젊은 나이에 죽기에는 너무 밝은 빛을 발했던 사람. 그리고 그 후 24시간 동안 안개가 걷히고, 그들은 이전에는 경험하지 못했던 선명함을 얻게 돼요.

자신이 진정으로 원하는 삶으로 가는 길이 보이고 그 길은 어느 때보다 더 강렬하게 날 보고 오라고 손짓해요. 그 길은 아름답고 찬란해요. 왜 그 길을 걸어야 하는지에 대한 세상의 모든 이유를 알게 돼요. 그리고 지금까지 그 길로 가지 못하게 막았던 이유들이 얼마나 오류로 가득 찬 것인지 깨닫게 돼요. 그래서 그 24시간 동안 빨리 움직이고, 준비하고, 출발해야 한다는 절박함을 느껴요…….

하지만 하루가 끝나고 안개가 다시 짙어져요. 그러면 다시 의자에 앉아서 몸을 앞뒤로 흔들거리죠.

그러던 어느 날 아침, 밖을 내다보니 더 이상 안개가 없어요.

한 시간이 지난 후에도 안개가 다시 끼지 않아요.

하루가 지나고, 이틀이 지나도 안개는 끼지 않아요. 현관 너머를 바라보면, 진정으로 원하는 삶으로 가는 길이 선명하게 보이죠. 아름답고 찬란하게 빛나는 그 길이 나에게 오라고 손짓을 해요. 그 길을 걸으며 겪게 될 모험과 기쁨을 상상해요. 결국 그들은 더 이상 견딜 수 없게 돼요. 바로 오늘이 그날이니까요.

드디어 의자에서 일어나서, 한 걸음을 떼어요. 하지만…… 이제 더 이상 걸을 수 없다는 사실을 깨닫게 돼요."

나는 제시카를 바라보았다. 울고 있었다. 투투는 부드러운 목소리로 말했다.

"당신은 젊어요, 제시카. 당신은 똑똑해요. 당신은 재능이 있어요. 바깥엔 많은 모험이 당신을 기다리고 있어요. 안개를 걷어내기만 하면 돼요."

"안개가 짙은 날이 너무 많았어요."

제시카는 눈물을 흘리며 조용히 말했다.

"하지만 오늘은 '아주' 맑았어요. 여기 계신 모든 분과 함께 보낸 시간이 그 모든 안개를 걷어 갔어요."

그녀는 잠시 말을 멈추었다.

"그런데 다시 안개가 짙어지면 어떻게 하죠? 길이 더 이상 보이지 않으면요?"

"어쨌든 일어나서 걸어봐야죠."

투투가 답했다.

"그 길은 항상 그곳에 있어요. 당신이 찾아와 주기만을 기다리고 있어요. 어떨 땐 미지의 세계로 첫발을 내딛는 것만으로도 충분해요."

"아직 잘 모르겠어요."

제시카가 말했다. 투투는 잠시 아무 말도 하지 않고 조용히 제시카를 바라보았다.

"당신이 상상할 수 있는 가장 짙은 안개가 끼었을 때, 얼마만큼 멀리 볼 수 있을까요, 제시카?"

제시카는 선뜻 답을 하지 못하고 머뭇거렸다. 투투는 그녀를 향해 고개를 끄덕였다.

"3미터?"

"그럼 그 현관에 있다면, 적어도 항상 3미터는 보이겠네요."

투투가 말했다. 다시 침묵이 찾아왔다.

"만약 일어나서 한 걸음을 내디뎌 본다면, 얼마나 멀리 볼 수 있을까요?"

제시카는 어깨를 으쓱하면서 그 중요함을 깨닫지 못한 듯 말했다.

"3미터요."

"맞아요. 하지만 아까와 똑같은 3미터가 아니죠."

제시카는 아무 말도 하지 않았다.

"이리 와요."

투투가 그녀에게 나직이 말했다. 마치 어린아이처럼, 제시카는 모래 위를 기어서 투투에게 다가가 어깨에 기대어 울었다. 더 이상 눈물이 나오지 않을 때까지 흐느끼며 울었다.

투투는 사랑하는 엄마가 자식에게 하듯이 조용히 기다렸다. 드디어 제시카가 눈물을 그치자, 제시카의 얼굴을 두 손으로 감싸고 마주 보며 말했다.

"오늘 그 첫 걸음을 내디딘다면, 3미터의 앞부분은 똑같지만 맨 끝의 한 발짝만큼은 새로운 길이 생기는 것이지요. 바로 그 새 길이 우주가 내 여정의 출발점을 새겨놓은 곳이에요."

제시카는 미소를 지으면서 뺨에 흐르는 눈물을 닦았다.

"왜 좀 더 가까이에 놓아두지 않나요?"

그녀는 눈물을 흘리는 동시에 웃으며 말했다. 투투는 머리를 살짝 저으며 미소를 지었다.

"그게 세상의 이치니까요."

# 다중 인격

나는 케이시, 제시카와 함께 자리를 정리하며 설거짓거리를 주방으로 가져갔다. 마이크와 투투는 잠이 든 에마와 소피아를 안은 채 앉아 있었다.

"내가 할게요."

나는 설거지를 하기 위해 싱크대에 물을 틀었다. 케이시는 미소를 지었다.

"괜찮아요, 존. 오늘 큰 도움을 주셨잖아요. 정리는 내가 할게요."

"정말요?"

그녀는 고개를 끄덕이며 미소를 지어 보였다.

"그럼요."

제시카는 치우려고 들고 온 것을 내려놓았다.

"저도 도울게요."

케이시가 고개를 살짝 저으며 또 미소를 지었다.

"고마워요, 제시카. 하지만 제가 할게요. 정말요."

제시카는 주문창 너머 카페 안을 바라보았다. 아침에 처음 앉았던 자리에 정장과 하이힐, 지갑이 그대로 놓여 있었다.

"오래전 같네요. 백만 년 전의 일인 것 같아요."

그녀는 주저하듯 말했다. 제시카가 다시 케이시를 바라보자 케이시가 말했다.

"다 잘될 거예요. 저건 옛날이고, 지금은 지금이니까."

주방 카운터에 메뉴판이 놓여 있었다. 제시카는 메뉴판을 집어 들고 넘겨보았다.


당신은 왜 여기 있습니까?

당신만의 놀이터에서 놀고 있습니까?

MPO가 있나요?


그녀는 케이시를 바라보았다.

"이 마지막 질문에 대해서는 이야기를 나눈 적이 없네요."

케이시는 미소를 지으며 말했다.

"오늘 당신은 누구였나요?"

"그게 무슨 말이에요?"

"오늘 누구였어요?"

제시카는 잠시 생각을 해보더니 수줍게 말했다.

"처음 여기 왔을 땐, 아주 신경질적이고 예민한 직장인이었어요. 그리고 이 특이한 카페의 손님이 되었죠."

그녀는 잠시 말을 멈추었다.

"그네에서 저는 어린아이가 되었어요. 저 밖에서 말이죠."

그녀는 바다를 향해 고개를 끄덕였다.

"그리고 저는 서퍼였어요. 살면서 처음으로 서퍼가 되었어요."

"그리고요?"

"저는 드러머였어요. 댄서였고, 배우는 사람이었고……."

제시카는 웃으며 말했다.

"그 모든 것 중에서, 어떤 모습이 진정한 당신이었나요?"

"어제였다면, 직장인이 저라고 했을 거예요."

그녀는 잠시 말을 멈추었다.

"하지만 오늘은 아까 얘기한 그것들 전부가 다 나예요."

케이시는 미소를 지었다.

"그럼 당신은 굉장히 복 받았네요. 존재의 목적이 있잖아요. 지극히 정상적인 다중 인격이 바로 'MPO=Multiple Personality Order'예요. 삶에는 다면성이 있고, 우리도 다면적인 존재예요. 특정 순간에는 드러머가 될 수도 있고, 때에 따라 서퍼도 되었다가, 학생이나 어린 소녀 또는 그 밖의 여러 가지 인격 중 어느 것이든 될 수 있어요. 그리고 그에 수반되는 고유한 에너지와 감정도 포용하고요.

당신은 당신이 지닌 모든 개성을 발휘할 수 있는 선물을 스스로에게 주었어요. 놀이터에 있는 모든 놀이기구를 마음껏 타면서 웃고, 기쁨을 느끼고, 진정한 나 자신을 느끼는 그런 선물 말이에요."

케이시는 다시 미소를 지었다.

"때로 우리 인격이 다른 쪽과 이어지는 아주 작은 연결 고리만으로 모든 것을 꽃피울 수 있어요. 한번은 수년 전에 노래를 그만두었던 고객이 찾아온 적이 있어요. 이곳은 그녀가 가장 좋아하는 놀이터였죠. 그런데 이곳에 다녀간 뒤로 일주일에 한 번, 저녁에 한 시간씩 지역 합창단과 함께 노래를 부르기 시작했어요. 그렇게 한 시간씩 노래를 함으로써 더 나은 엄마, 더 나은 아내, 더 나은 직원…… 더 나은 사람이 될 수 있었다고 해요. 모든 것이 바뀌었다고요."

"그 이야기를 들으니 정말 이제 자유를 찾을 수 있을 것 같아요. 항상 그럴 거라고 믿어왔지만 스스로 믿지 못했던 말을 듣고 있는 것 같아요. 그게 저예요. 서퍼, 드러머, 어린아이…… 그리고 그에 수반되는 모든 감정. 그 모든 것이 바로 저예요."

제시카가 말했다.

"아마 아직 백 가지도 더 있을 거예요."

케이시가 미소를 지으며 말했다. 그녀는 팔을 뻗었고 제시카는 그 품으로 들어가 그녀를 꼭 껴안았다.

"고마워요."

제시카가 말했다.

"천만에요."

포옹이 끝나고, 제시카는 나를 돌아보았다.

"존도 고마워요. 오늘 아침 저에게 다가오셨을 때 막 나가려던 참이었어요. 그때 잡지 않으셨다면, 저는 오늘 하루를 놓치고 말았을 거예요."

이번에는 그녀가 팔을 뻗었다. 그리고 우리는 포옹을 했다.

"오늘 이렇게 만나게 되어 좋았어요. 그리고 도움이 되었다면 그 또한 너무 기뻐요."

내가 말했다.

# 그냥 차일 뿐

투투와 마이크는 잠든 아이들을 안은 채 주방으로 들어왔다. 케이시가 팔을 뻗었고 투투는 소피아를 케이시에게 넘겨주었다. 소피아는 케이시의 어깨에서도 곤히 잠에 빠져들었다.

"알로하 인사 하러 왔어요."

투투가 말했다. 그녀는 미소를 지으며 덧붙였다.

"소피아를 대신한 인사도 같이 해야 할 것 같네요."

제시카는 투투를 안았다.

"알로하, 그리고 마할로. 오늘 밤에 가르쳐주신 모든 것에 감사해요."

"다음 주에 함께 서핑 할까요? 여자들만의 시간을 갖는 거예요. 나랑."

투투가 말했다. 제시카의 얼굴이 갑자기 더 밝아졌다.

"정말요? 저야 완전 좋죠."

"나도요."

투투는 나를 돌아보며 포옹을 해주었다.

"알로하, 존. 오늘 너무 즐거웠어요. '아하!' 책 손꼽아 기다릴
게요. 그리고 섬사람들이 함께 나눌 수 있도록 할게요."

"저도 너무 즐거웠습니다. 그리고 제안도 감사합니다. 책 나오
는 대로 꼭 연락드릴게요."

내가 답했다. 투투는 케이시와 마이크에게도 포옹으로 작별
인사를 했다. 그리고 케이시는 다시 소피아를 투투에게 넘겨주
었다.

"집까지 같이 갈까요?"

케이시가 물었다. 투투는 고개를 저었다.

"정말 고맙지만 괜찮아요. 사양할게요."

그녀는 미소를 지었다.

"어릴 때부터 매일 그 마법의 장소로 가는 길을 다녔는걸. 눈
감고도 가요."

그 말과 함께 투투는 문밖으로 나가 걷기 시작했다. 제시카는
카페 쪽을 흘긋 보며 "전 가서 정리 좀 하고 짐 챙겨 올게요"라고
말하고는 휴대폰과 소지품이 있는 테이블로 다가갔다.

"오늘 정말 큰 도움이 됐어요, 존. 제시카는 완전히 다른 사람

이 되었어요. 오늘 아침에 여기 온 그 사람이 아니에요."

케이시가 나에게 말했다.

"지금 제시카의 마음을 저도 알죠. 아직 생생히 기억하니까."

나는 케이시로부터 마이크 쪽으로 시선을 옮기며 말했다.

"이곳에서 두 분을 만나고 나면 짧은 순간에 모든 게 얼마나 달라지는지."

마이크는 미소를 지으며, 또 안고 있는 에마를 추스르며 팔을 뻗었다.

"다시 만나게 되어 반가웠어요, 존."

나는 악수를 하고 미소를 지었다.

"저야말로. 좋은 말들, 정말 고맙습니다."

그는 고개를 끄덕였다.

"케이시, 여기 정리 좀 부탁해요. 아이 재우고 올게요."

그녀는 고개를 끄덕였다.

"그럼요."

"알로하, 존."

마이크는 뒤돌아서 뒷문으로 나갔다.

"알로하, 마이크."

내가 답했다. 그리고 적막이 흘렀다.

"프런트로 가시죠."

케이시가 말했다.

우리는 주방에서 나와 카페의 프런트로 갔다. 그 앞을 지나가면서 나는 카운터의 매끈한 표면과 탄산음료 기계의 의자 윗부분을 손으로 쓸어보았다. 갑자기 슬픔이 밀려왔다.

"또 오게 될 거예요. 생각보다 훨씬 빨리."

케이시가 말했다. 나는 그녀를 바라보았다.

"내일 자전거를 타고 오면, 여기 그대로 있을까요?"

그녀는 미소를 지었다.

"그건 아주 많은 것에 따라 달라요, 존."

다시 슬픔이 밀려왔다. 그녀는 손을 내 어깨에 올리고 말했다.

"'아하!' 책이 출판되면, 눈 크게 뜨고 기다리세요. 책 주문서가 갈 테니까."

난 고개를 끄덕였다. 바로 그때, 제시카가 화장실에서 나와 우리 쪽으로 걸어왔다. 그녀는 수영복에서 정장으로 갈아입은 차림이었다. 처음 카페에 왔을 때처럼 머리를 핀으로 올린 스타일에 하이힐을 신고 있었다. 우리 쪽으로 가까이 다가오는데 휴대폰이 울렸다. 제시카는 걸음을 멈추고 핸드백에 손을 뻗었다.

나는 케이시를 바라보았고 케이시는 어깨를 으쓱했다. 제시카는 핸드백에서 휴대폰을 꺼냈다. 전화는 끊긴 상태였다.

"이상하지 않아요?"

그녀는 휴대폰을 바라보며 말했다.

"이제 신호가 잘 터져요. 메시지도 많이 왔고요."

그녀는 메시지를 스크롤하며 내용을 살펴보기 시작했다. 그러곤 표정이 심각해졌다. 나는 다시 케이시를 바라봤다.

"시간이 늦었어요, 존. 자전거 타고 집까지 갈 수 있겠어요?"

케이시가 말했다. 나는 고개를 끄덕였다.

"꽤 깜깜하지만, 천천히 가면 돼요. 문제없어요."

솔직히 말하면 돌아가는 길이 머릿속에 확실히 떠오르지도 않았다. 하지만 가다 보면 길이 나올 것 같았다.

"제가 차로 모셔다드릴게요."

제시카였다. 휴대폰을 손에 들고 나를 바라보고 있었다.

"저랑 같이 가세요."

나는 비즈니스 정장을 입고 하이힐을 신은 채로 서 있는 그녀를 바라보았다.

"괜찮아요, 제시카. 오늘 아침에 여기 오기 전에 장거리를 달려서 자전거가 꽤 더러워졌어요. 게다가 차에 자전거를 매달 랙도 없고요. 차 더러워져서 안 돼요."

제시카는 케이시와 나를 바라보는 미소를 지었다. 조금 전의 진지하고 긴장된 표정은 사라지고 없었다. 그녀의 미소는 아까 그네를 타고 돌아왔을 때와 마찬가지로 활짝 핀 아름다운 에너지를 내뿜고 있었다. 제시카는 휴대폰을 끄고 가방에 집어넣었다.

"그냥 갈게요."

내가 말했다

"그냥 차일 뿐이잖아요."

그녀가 말했다. 그리고 더욱 밝고 환한 미소를 지었다.

"그냥 차일 뿐이에요."

옮긴이 **고상숙**

연세대 영어영문학과, 한국외대 통번역대학원 한영과를 졸업했다. KBS에서 외신 번역
과 통역을 담당하다가 현재는 서울외대 한영통번역학과 겸임교수 및 프리랜서 통·번
역가로 활동하고 있다. 옮긴 책으로는 『세상 끝의 카페』, 『사막을 건너는 여섯 가지 방
법』, 『위험한 시간 여행』, 『레드 세일즈 북』, 『바그다드 동물원 구하기』, 『희망과 함께 가
라』 등이 있다.

# 다시, 세상 끝의 카페

**초판 1쇄 인쇄** 2024년 5월 8일
**초판 1쇄 발행** 2024년 5월 16일

**지은이** 존 스트레레키
**옮긴이** 고상숙

**편집** 윤성훈
**디자인** *studio* weme
**일러스트** 요이한
**마케팅** ㈜에쿼티
**제작** ㈜공간코퍼레이션

**펴낸이** 윤성훈 **펴낸곳** 클레이하우스㈜
**출판등록** 2021년 2월 2일 제2021-000015호
**주소** 경기도 파주시 회동길 530-20 402호
**전화** 070-4285-4925 **팩스** 070-7966-4925 **이메일** clayhouse@clayhouse.kr

ISBN 979-11-93235-18-8 (03190)

클레이하우스㈜가 더 나은 책을 펴낼 수 있도록 의견을 남겨주시거나 오타를 신고해주세요.
QR코드에 접속해 독자 설문에 참여해주신 분께 추첨을 통해 선물을 드리겠습니다.